Betsy Duffey · Laurie Myers

Das Lied des Hirten

Ein Psalm verändert das Leben von zwölf Menschen

Über die Autorinnen

Laurie Myers und *Betsy Duffey* sind Schwestern, die gemeinsam schon mehrere Bücher geschrieben haben. Besonders ihre Kinderbücher wurden mit vielen Preisen ausgezeichnet.
www.writingsisters.com

BETSY DUFFEY LAURIE MYERS

Das Lied des Hirten

ROMAN

Ein Psalm verändert das Leben von zwölf Menschen

Aus dem Amerikanischen von Eva Weyandt

Gerth Medien

Genauso ist es mit dem Wort, das ich spreche:
Es kehrt nicht unverrichteter Dinge zu mir zurück,
sondern bewirkt, was ich will,
und führt aus, was ich ihm auftrage.

Jesaja 55,11 (GN)

Das Lied des Hirten

Psalm 23

Der Herr ist mein Hirte,
mir wird nichts mangeln.
Er weidet mich auf einer grünen Aue
und führt mich zum frischen Wasser.
Er erquickt meine Seele.
Er führt mich auf rechter Straße um seines Namens willen.
Und ob ich schon wanderte im finsteren Tal,
fürchte ich kein Unglück;
denn du bist bei mir,
dein Stecken und Stab trösten mich.
Du bereitest vor mir einen Tisch im Angesicht meiner Feinde.
Du salbst mein Haupt mit Öl
und schenkst mir voll ein.
Gutes und Barmherzigkeit werden mir folgen mein Leben lang,
und ich werde bleiben im Hause des Herrn immerdar.

Kapitel 1

Der Herr ist mein Hirte

Kate McConnell öffnete die Augen. Wo war sie nur? Helle Lichter blendeten sie. Da bewegte sich etwas. Eine Sirene heulte.

Sie schloss die Augen und öffnete sie noch einmal, hoffte, dass dies alles irgendwie verschwinden würde. Aber ihre Hoffnung erfüllte sich nicht.

Ein Rettungswagen. Sie lag in einem Rettungswagen.

Was war denn nur passiert?

Eine Männerstimme hinter ihr rief: „Weibliche Person, etwa fünfundvierzig, multiple Verletzungen. Blutdruck: neunzig zu sechzig. Puls: eins-vierzig. Atmung: fünfundzwanzig, kurz und flach."

Jeder Ruck und jede Erschütterung brachte neue Schmerzen, einen scharfen Stich in ihrer Brust und ein brutales Reißen in ihrem rechten Bein. Kate wollte sich an die Brust greifen, aber ihre Arme waren anscheinend festgeschnallt. Sie zitterte am ganzen Körper. Ihr blauer Pullover und die Hose waren mit einer klebrigen Masse durchtränkt. Blut? Der Mann da eben – er hatte über sie geredet!

Eine kurze Erinnerung blitzte auf: Ihr Wagen war auf der verschneiten Straße ins Schleudern geraten. Dann ein Knall; Glas zersplitterte und Metall knirschte. *Ein Autounfall.* Panik stieg in ihr hoch. *Ich habe einen Autounfall gehabt.*

In der Zeitung würde am nächsten Tag stehen, es sei der schlimmste Verkehrsunfall gewesen, der sich je auf diesem Streckenabschnitt der I-95 zwischen Washington D.C. und

Baltimore ereignet hätte. Fünfundzwanzig Fahrzeuge waren an der Massenkarambolage beteiligt, davon sechs LKWs und ein Bus.

Der Donnerstag war mit etwa 12 Grad und Sonnenschein ein wunderschöner Tag gewesen. Doch dann hatte es am Freitag plötzlich einen heftigen Umschwung gegeben, und die Temperaturen waren auf unter null Grad abgesunken. Sehr ungewöhnlich für Oktober. Und zu allem Unglück hatte es auch noch zu schneien begonnen. In nur zehn Minuten waren mehrere Zentimeter Schnee gefallen. Von diesen Witterungsverhältnissen wurden vor allem die Autofahrer überrascht, die auf der I-95 unterwegs waren.

Die Stimme hinter Kate fuhr mit der medizinischen Einschätzung ihres Zustands fort: „Verliert immer wieder das Bewusstsein, Kopfverletzungen nicht auszuschließen."

„Hilfe", flüsterte sie. Jeder Atemzug kostete sie große Anstrengung. Irgendwie bekam sie nicht genügend Luft. Außerdem drehte sich alles um sie. Sie versuchte es noch einmal: „Hilfe."

„Halten Sie durch. Versuchen Sie, bei uns zu bleiben." Ein junger Mann beugte sich über sie, suchte ihren Blick. Seine Stimme war ruhig, aber es lag beunruhigend viel Besorgnis in seinen Augen.

Sie wollte nicken, doch das gelang ihr nicht.

„Nicht bewegen. Wir sind auf dem Weg ins Krankenhaus."

Sie wollte sich am liebsten von den Gurten befreien und sich von dieser Bahre erheben, aber sie schaffte es nicht einmal, den Kopf zu bewegen. Die Schmerzen strahlten von ihrer Brust und dem Bein in ihren ganzen Körper aus.

Die Stimme sprach weiter: „Starke Blutungen aus einer Wunde am rechten Bein – scheint ein offener Bruch zu sein. Innere Verletzungen nicht auszuschließen."

Ein paar Sekunden herrschte Stille. Nur das Sirren der Reifen auf der Straße war zu hören.

„Okay. Mache ich. Geschätzte Ankunftszeit in fünf bis acht Minuten, je nach Verkehrslage."

Was war denn nur geschehen? Kate rekapitulierte ihren Vormittag. Sie war sehr in Eile gewesen und hatte ihren alten Kombi ziemlich getreten. Ein Einkauf im Supermarkt am Morgen, dann wieder nach Hause, anschließend eine Fahrt von 26 Kilometern, um einer Freundin, die sich von einer größeren Operation erholte, Mittagessen zu bringen, auf dem Rückweg ein Abstecher zur Reinigung, um die schmutzige Wäsche abzugeben. Danach waren noch verschiedene andere Dinge zu erledigen gewesen. Und auf einmal hatte es zu schneien begonnen.

Die Reinigung. Sie hatte noch einmal zur Reinigung zurückfahren wollen, aber warum?

Eine Hand legte sich auf ihre Stirn, und sie öffnete die Augen. Das Gesicht des jungen Mannes kam wieder in ihr Sichtfeld. Er sah noch immer mindestens so nervös aus wie eben.

„Wie heißen Sie?"

Sie versuchte sich zu konzentrieren. Wie war ihr Name? Ach ja. „Kate … McConnell." Jedes Wort kostete sie große Mühe.

„Ihr Geburtstag?"

Sie suchte nach der Antwort, aber sie konnte keinen klaren Gedanken fassen. Tränen stiegen ihr in die Augen.

„Das macht nichts, keine Sorge. Alles wird gut. Aber bleiben Sie bitte bei mir."

„Was ist pas-?" Sie wollte das Wort zu Ende aussprechen, doch es gelang ihr nicht.

„Sie hatten einen Verkehrsunfall auf der Autobahn." Er tastete nach ihrem Puls. „Es gab mehrere Auffahrunfälle, eine richtige Massenkarambolage. Sieht übel aus da draußen."

Ihr Mund öffnete und schloss sich wieder, die Frage blieb ungestellt. Sie wollte verschiedene Worte aussprechen, aber sie fielen ihr einfach nicht ein.

„Matt", krächzte sie schließlich. Ihr Sohn. „John." Ihr Mann.

„Sie saßen allein im Wagen. Versuchen Sie sich etwas auszuruhen. Wir bringen Sie auf dem schnellsten Weg ins Krankenhaus."

Der Rettungswagen schwankte, wenn er andere Autos überholte. Die Stimme des Rettungssanitäters verklang und wurde wieder lauter. Kate schloss die Augen.

Ein neuer Gedanke kam und schreckte sie auf. Vielleicht starb sie ja jetzt. Ob es wohl so war, das Ende? Kam es wirklich so schnell? Wo noch so viel unerledigt geblieben war?

Kates Gedanken rutschten ab, wirbelten durcheinander und drehten sich um die Ereignisse der vergangenen Woche.

„Ich glaube nicht, dass mein Leben von Bedeutung ist", hatte sie zu einer Freundin gesagt. „Seit fast fünfundzwanzig Jahren bin ich Christin und habe nichts bewirkt. Ich könnte nicht eine einzige Person nennen, auf die ich einen positiven Einfluss hatte, nicht einmal in meiner eigenen Familie."

„Aber das stimmt doch gar nicht. Du engagierst dich im Anbetungsteam der Kirche, du bringst Menschen in Not Essen, und du schreibst immer so wunderschöne Bibelverse auf, die du dann verschenkst."

„Aber was bewirkt das schon?"

John. *Er* war wichtig. Und Matt.

Matt, der sich vom Glauben abgewandt hatte, als er sein Studium aufgenommen hatte. Jetzt ging er nicht einmal mehr zur Kirche.

„Ach, Mama!", hörte sie ihren Sohn sagen. „Du glaubst diesen Unsinn doch nicht etwa wirklich."

Sie konnte einfach nicht zu ihm durchdringen.

Würde sie tatsächlich sterben?

Jemand hob behutsam ihr Augenlid an. Es war der junge Mann von vorhin. Er schaute ihr so eindringlich in die Augen, als wollte er ihre Seele ergründen.

„Bleiben Sie schön bei mir, okay?"

Sie spürte das Schwanken des Rettungswagens, dann einen scharfen Ruck, als er abbog.

„Hilfe", keuchte Kate erneut. Der Schmerz in ihrer Seite war unerträglich.

„Bleiben Sie bei mir."

Eine Welle des Schwindels erfasste sie und alles wurde schwarz. Dann spürte sie nichts mehr.

John McConnell saß an seinem Schreibtisch und hatte sich in seine Akten vertieft, voll konzentriert auf den Fall, den er zu bearbeiten hatte. Hinter ihm reichten die Regale mit juristischen Werken bis an die Decke.

„Mr McConnell. Ein Anruf auf Leitung drei." Seine Sekretärin stand im Türrahmen.

„Ich sagte doch, keine Anrufe." Er hob nicht einmal den Kopf.

„Ich weiß, aber-"

„Mir ist durchaus bewusst, dass es besser wäre, wenn wir uns alle schleunigst auf den Heimweg machen würden."

Von seinem Büro im 12. Stock aus hatte er den aufkommenden Schneesturm beobachtet. Zwei Zentimeter hoch lag der Schnee bereits auf seinem Fensterbrett, und im Internet gab es schon die ersten Berichte über zahlreiche Unfälle.

Er versuchte sich wieder auf seine Arbeit zu konzentrieren. Das war schwierig, nachdem seine Konzentration gestört worden war. Seine Sekretärin stand immer noch in der Tür. „Ist die Überarbeitung des Johnson-Falles schon fertig?", fragte er ungeduldig.

„Es … es ist das Krankenhaus."

Nun blickte er endlich auf. Ihr blasses Gesicht und ihre weit aufgerissenen Augen rüttelten ihn auf. Er spürte, wie Furcht langsam durch seinen Körper kroch und sein Gehirn erreichte.

Irgendetwas Schreckliches war geschehen. Er wusste es. Schnell griff er nach dem Hörer und führte ihn mit zitternden Händen ans Ohr.

„John McConnell."

„Hier spricht das Metropolitan Medical Center. Es hat einen Unfall gegeben. Ein Krankenwagen ist zu uns unterwegs."

Sein erster Gedanke galt Matt. Sein Sohn war kein geübter Fahrer, und bei diesem Schnee … „Ist er verletzt?" Johns Stimme klang um einige Tonlagen höher als sonst.

„Mr McConnell, es handelt sich um Ihre Frau."

„Meine Frau?"

„Ja, Kate McConnell. Sie ist doch Ihre Frau? Sie war in einen Verkehrsunfall verwickelt und ist jetzt auf dem Weg zu uns."

„Was? Was ist passiert? Wie schwer ist sie verletzt?" Eine Million Fragen stürmten auf ihn ein. Er sah wieder vor sich, wie er sich am Morgen von Kate verabschiedet hatte. Sie lud gerade die Wäsche für die Reinigung, den Müll, den sie zu den Recyclingtonnen bringen wollte, und das Mittagessen für irgendjemanden, der krank war, in ihren alten Kombi.

„Hey, du hast die doch hoffentlich nicht alle mitgenommen, oder?", hatte er gefragt, als er die Schoko-Cupcakes ganz oben auf ihrem Stapel entdeckt hatte.

Kate hatte ihn angelächelt und dabei ihre immer noch bezaubernden Grübchen gezeigt. „Natürlich habe ich ein paar für dich aufgehoben."

Er berührte den Zettel von ihr, den er heute Morgen in seiner Aktentasche gefunden hatte, wie so oft. *Sorgt euch nicht,* stand in ihrer ordentlichen Handschrift auf dem blütenweißen Papier.

Kate … sie war ein Energiebündel und so voller Leben. Wie konnte sie verletzt sein?

„Mr McConnell? Sind Sie noch dran?"

„Ja."

„Wir wissen noch nichts Näheres über ihren Zustand, aber bitte kommen Sie her, so schnell Sie können."

„Ich bin schon unterwegs."

John ließ die Akte auf seinem Schreibtisch liegen und rannte zum Aufzug.

Matt saß in einer Vorlesung, als er die Vibration seines Telefons spürte. Er überlegte, ob er es ignorieren sollte. Diese Vorlesung war wirklich spannend. Das Einzige, was ihn noch deutlich mehr interessieren könnte, waren seine Pläne für das Wochenende. Es war Freitag, und er wusste noch nicht so genau, wie sich die nächsten Tage gestalten würden. Vielleicht hatte Joe ja doch noch Karten für das Konzert von Rusty Bucket bekommen. Matt zog das Handy aus der Tasche.

Notfall. Ruf mich sofort an.

Eine SMS von seinem Vater. Das war ungewöhnlich. Sein Vater rief ihn ganz selten einmal an, und er schrieb schon gar keine SMS. Da musste schon wirklich etwas Dramatisches passiert sein. Matt war froh, dass er sich ganz hinten hingesetzt hatte. Er ließ seine Bücher aufgeschlagen auf dem Pult liegen und schlüpfte hinaus in den Flur. Oh, Mist. Ihm fiel etwas ein: Hatten seine Eltern vielleicht die leeren Flaschen unter der Veranda gefunden? Er wählte die Nummer seines Vaters an. Würde er sich jetzt eine Gardinenpredigt seines Vaters über Alkoholgenuss und seine rechtlichen Auswirkungen anhören müssen?

„Papa?" Matt wappnete sich innerlich für das Donnerwetter, das nun kommen würde.

„Ja. Es geht um deine Mutter, Matt. Sie hatte einen Unfall und wird gerade mit dem Rettungswagen ins Metropolitan gebracht."

Ganz plötzlich verschoben sich die Dimensionen: Der Flur,

der Seminarraum, die Vorlesung, die er sich gerade noch angehört hatte, das alles trat in den Hintergrund. Sie waren unwichtig geworden. Es gab nur noch die Worte aus dem Telefon an seinem Ohr.

„Was? Nein! Nicht Mama."

Das konnte nicht sein.

„Doch, Junge, es stimmt. Noch weiß ich keine Einzelheiten über ihren Zustand. Aber komm bitte ins Krankenhaus, so schnell du kannst. Ich bin auch gerade auf dem Weg dorthin."

Matt brachte keinen Ton heraus.

„Matt? Bist du noch dran?" Er hörte die tiefe Besorgnis in der Stimme seines Vaters und noch etwas anderes, das er noch nie bei ihm wahrgenommen hatte und nicht benennen konnte. Angst?

„Ja."

„Fühlst du dich in der Lage zu fahren?"

„Ja, Papa, es geht schon."

Die Verbindung wurde unterbrochen.

Wie erstarrt blieb Matt im Flur stehen. Nicht seine Mutter … Sie war der robusteste Mensch, den er kannte. Selbst schwierigste Situationen meisterte sie mit Leichtigkeit, auch wenn alles auf einmal passierte. „Mega-Mama", so nannten seine Freunde sie. Eine zierliche blonde Frau, die immer alles unter Kontrolle hatte. Er konnte sich seine Mega-Mama nicht in einem Krankenwagen vorstellen. Das musste eine andere Frau sein. Eine Frau, die sich ihren Wagen ausgeliehen hatte. So etwas in der Art.

Er wartete, dass sein Telefon erneut klingeln würde, dass sein Vater noch einmal anrief und sagte, es sei alles ein großer Irrtum gewesen.

Und wenn es doch kein Irrtum war? Nein, so etwas durfte er nicht einmal denken. Er musste sich zusammenreißen und sich schleunigst auf den Weg zum Krankenhaus machen.

Ein kalter Luftzug traf Kates Gesicht, als die Türen des Rettungswagens geöffnet wurden, und holte sie ins Bewusstsein zurück. Sie hörte hektische Stimmen und Piepsgeräusche. Auf einmal war alles wieder da. Der Unfall … sie hatte einen Unfall gehabt. Mühsam öffnete sie die Augen. Schwestern und Pfleger kamen angestürmt. Alle redeten durcheinander.

„Kate McConnell, Trauma-Patientin."

„Hab sie. Fertig. Anheben."

Sie spürte einen Ruck, als die Bahre nach vorn gezogen wurde, sah Lichter und Schneegestöber. Die Räder setzten auf dem Boden auf, und innerhalb weniger Sekunden waren sie im Gebäude. Gesichter, mit weißen und grünen Masken verhüllt, beugten sich über sie. Hände, die in Handschuhen steckten, tasteten sie ab.

Zwei blaue Augen über einer weißen OP-Maske blickten auf sie herab.

„Ich bin Dr. Belding", erklärte eine männliche Stimme fest und ruhig. „Ich kümmere mich um Sie."

Der weiße Kittel war irgendwie tröstlich. Die ergrauten Haare des Arztes zeugten von Erfahrung. Er hatte alles unter Kontrolle. In seinen Augen lag keine Spur von Furcht.

„Wir werden gemeinsam kämpfen", sagte er eindringlich. „Bleiben Sie bei mir." Das Gesicht wandte sich ab, und die Stimme wurde sachlich. „Welchen Infusionszugang haben wir?"

Der Rettungssanitäter schrieb gerade etwas auf ein Klemmbrett. Er antwortete, ohne aufzublicken. „Achtzehner Kanüle im rechten und linken Arm. Beide laufen gut."

Dr. Belding umklammerte die Griffe der Bahre und begann sie zu schieben. „Schaffen wir sie in den Trauma-Raum, damit sie intubiert werden kann."

In höchster Eile wurde sie durch einen langen grünen Flur geschoben. Sie bogen um eine Ecke, und die Bewegung kam für eine Sekunde fast zum Stillstand, wie bei einem Gezeitenwechsel, dann ging es weiter, hinein in einen blitzsauberen Raum mit funkelnden Maschinen und Behältern mit sterilen Packungen. Überall piepte und surrte es. Die behandschuhten Hände bewegten sich über ihr und um sie herum, lösten die Gurte und schnitten ihren Pullover und ihre Hose auf.

„Wie ist der Blutdruck?"

„Siebzig zu fünfzig. Und verminderte Atemgeräusche auf der linken Seite."

„Öffnen Sie die Zugänge."

Kate konnte nicht sehen und erfassen, was mit ihr geschah. Eine merkwürdige Leichtigkeit erfüllte ihren Kopf, als hätte sie Helium eingeatmet.

„Hören Sie mich?" Dr. Beldings Stimme drang zu ihr durch. „Kate? Hören Sie mich?" Lauter dieses Mal. „Zeigen Sie mir den hochgereckten Daumen."

Kate wollte ihren Daumen heben, doch selbst die kleinste Bewegung schien unmöglich. Sie versuchte sich zu konzentrieren, kämpfte mit aller Entschlossenheit, die sie aufbringen konnte. Ihr Daumen hob sich ein winziges Stück.

„Gut. Sofort Antibiotikum und auch eine kleine Dosis Morphium geben."

Kates Körper gehörte ihr nicht mehr. Sie spürte, wie jemand ihren Mund öffnete und ihr einen Schlauch in den Rachen schob, und konnte sich nicht dagegen wehren. *Nein. Nein. Ich bin noch da*, wollte sie rufen. *Ich bin immer noch da.* Dem Chaos, das um sie herum losgebrochen war, war sie hilflos ausgeliefert. Doch inmitten des Aufruhrs breitete sich ein Körnchen Frieden in ihr aus. *Der Herr ist mein Hirte.*

Natürlich. Der 23. Psalm. Deshalb war sie zur Reinigung zurückgefahren. Der Zettel mit dem Psalm steckte noch in Matts Manteltasche.

Eine Erinnerung überfiel sie – ein sehr lebendiges Bild, wie sie am Küchentisch gesessen und in ihrer schönsten Handschrift den 23. Psalm auf ein weißes Blatt geschrieben hatte. So ordentlich und sauber, wie sie konnte. Bei jedem Satz hatte sie innerlich für ihren Sohn gebetet. Dann hatte sie das Blatt zusammengefaltet und in die Tasche von Matts Wolljacke gesteckt. Sie hatte sich vorgestellt, wie er es fand und las. Wie könnten die darin enthaltenen Versprechen und das Bild von Gott als seinem guten Hirten ihn nicht anrühren?

Stattdessen empfand er nur Zorn.

Wie lange würde sie wohl noch mit Matt kämpfen müssen? Und warum half John ihr nicht dabei?

Und jetzt das.

Dr. Beldings blaue Augen kamen in ihr Sichtfeld. „Sie können sich jetzt ausruhen, Kate“, sagte er. „Wir kümmern uns um alles.“

Moment mal. Ausruhen? Sie war verwirrt. Wollte Gott, dass sie ausruhte? Nein. Keine Zeit für Ruhe. Sie hatte noch so viel zu tun. Sie musste aufstehen und sich an die Arbeit machen. Ihre Arbeit war noch nicht getan.

Noch nicht, Gott, betete sie. *Bitte noch nicht jetzt.*

„*Wir berichten live von der Interstate 95 – dem Schauplatz der Massenkarambolage.*“ John drehte sein Autoradio lauter. Die Ampel schaltete auf Grün und danach zum dritten Mal wieder auf Rot, ohne dass sich die Autos vor ihm auch nur einen Zentimeter vorwärtsbewegt hätten. Er steckte im Verkehr fest.

„*Im Hintergrund hören Sie die Hubschrauber, die die Unfallopfer in die umliegenden Krankenhäuser bringen. Überall verstreut liegen Trümmer- und Gepäckteile und blockieren die Fahrspuren nach Norden und Süden.*“

John beugte sich vor, um ja nichts zu verpassen.

Noch immer schneite es. Große, weiße Flocken sammelten sich auf seiner Motorhaube. Seine Scheibenwischer ruckelten rhythmisch über die Scheibe und verschafften ihm ein dreieckiges Sichtfeld. Er kämpfte gegen die Furcht an, die in seinem Inneren aufsteigen wollte. *Oh, Kate …*

„Fünfzehn Todesopfer und viele Verletzte hat der schreckliche Unfall auf der Interstate 95 bisher gefordert. Die Zahl der Todesopfer steigt. Und der Schneesturm ist noch lange nicht vorbei. Wenn Sie heute Abend keinen wichtigen Termin haben, bleiben Sie lieber zu Hause. Und jetzt zurück zu …“

Der Fahrer hinter ihm hupte ungeduldig. Die Ampel war wieder grün, und die Schlange setzte sich jetzt wirklich in Bewegung. Langsam steuerte er seinen Wagen über die verschneite Kreuzung zum Krankenhaus.

Ich sollte beten, fiel ihm plötzlich ein. Kate hätte schon längst angefangen zu beten, schon direkt nachdem sie den Anruf bekommen hätte. „Lieber Gott …“

Nichts kam. Wo war ein gutes Gebet, wenn man es brauchte? Kate war diejenige, die in ihrer Familie immer für alle betete. Aber wer betete für Kate?

Ohne es zu wollen sah er Kate plötzlich vor sich, blutüberströmt und eingeklemmt in ihrem alten Kombi. *Nicht nachdenken.* Er durfte sich das nicht vorstellen. *Warum hat sie dieses alte Ding überhaupt so lange behalten? Es war unverantwortlich, in so einer Klapperkiste unterwegs zu sein, gerade im Winter. Vielleicht hatten die Bremsen versagt, oder …*

„Jetzt sieh erst einmal zu, dass du zu ihr kommst“, unterbrach er laut seine eigenen Gedankengänge. „Es wird schon alles wieder in Ordnung kommen. Wir kriegen das hin. Es gibt immer einen Weg, um die Dinge in Ordnung zu bringen.“ Das hatte er während seines Jurastudiums immer und immer wieder eingetrichtert bekommen. Jetzt konnte er nur hoffen, dass das stimmte.

„… die neusten Informationen über den schlimmsten Schneesturm in der Geschichte Baltimores …“

John schaltete das Radio aus und konzentrierte sich auf die Straße.

Auf dem Weg zum Krankenhaus hörte Matt Sirenengeheul aus den verschiedensten Richtungen. In seinem dünnen Pullover zitterte er. Der Verkehr kam nur quälend langsam voran. Die Autos schoben sich im Schneckentempo über die schneebedeckten Straßen. Matt hatte das Gefühl, sich in einem Albtraum zu befinden, einem von der Sorte, bei dem man vor irgendetwas auf der Flucht war und sich nur in Zeitlupe bewegen konnte.

Das hier konnte nicht die Realität sein. Bestimmt handelte es sich um einen Irrtum. Im Krankenhaus würde sich alles aufklären, und nachher beim Abendessen würden sie darüber lachen. Er versuchte sich vorzustellen, wie er mit seinen Eltern warm und gemütlich am Esstisch saß, sie gemeinsam zu Abend aßen und Witze machten über Rettungswagen und Krankenhäuser, doch das Bild mochte sich nicht einstellen.

Bewusst verdrängte er die letzten Worte, die er heute mit seiner Mutter gewechselt hatte. Er war so sauer gewesen. Niemand hatte an diesem Morgen wissen können, was der Tag bringen würde.

„Komm schon“, sagte er frustriert zu der Autoschlange. „Beweg dich!“

Vorsichtig wich er zwei Autos aus, die aufeinander aufgefahren waren. Zum Glück war nur Blechschaden entstanden. Hoffentlich geriet er auf der vereisten Straße nicht auch ins Rutschen.

Sein Telefon vibrierte. Er nahm das Gespräch entgegen. „Papa?“

„Wo bist du?“

„Ich bin unterwegs zum Krankenhaus … aber der Verkehr ist verrückt. Ich komme kaum vorwärts.“

„Sei vorsichtig, Matt. Es ist übel dort draußen. Lass dir Zeit.“

„Okay, Papa.“

Seine Stimme brach, und ganz unvermittelt kamen die ersten Tränen. Die Realität holte ihn ein.

Der Herr ist mein Hirte. Der Psalm brachte Kate Frieden, als sie auf dem Untersuchungstisch lag, hilflos, unfähig, sich zu rühren oder Worte zu formulieren. Sie hörte die Stimmen um sich herum, doch die ganze Situation war vollkommen surreal, wie in einem Film oder in einer Fernsehshow.

Dr. Belding strahlte eine große Ruhe aus. Seine Stimme klang so sachlich, als würde er über das Wetter reden. „Bitte holen Sie den Orthopäden her. Und wir brauchen dringend ein Röntgenbild von dem Bein und auch vom Brustkorb. Mir scheint eine Drainage ratsam. Ich vermute eine Blutung im Brustraum.“

Der Schmerz ließ langsam nach, während das Morphium seine Wirkung entfaltete. Kate dämmerte weg.

Als sie die Augen wieder öffnete, wurde sie gerade durch einen langen grünen Flur geschoben. Sie hörte Stimmen über ihrer Bahre.

„Was ist passiert?“

„Massenkarambolage auf der I-95.“

„Ach, das. Habe es vorhin im Radio gehört. Das sieht aber gar nicht gut aus. Wird sie durchkommen?“

„Bei Trauma-Patienten weiß man nie. Ich habe schon erlebt, dass Leute, die in schlimmerer Verfassung waren, es geschafft haben … aber nicht viele.“

Kate schloss erneut die Augen. *Vielleicht sterbe ich heute.* Seltsam, die Vorstellung war gar nicht mehr so erschreckend. Es war nur ein Gedanke von vielen, der in ihrem vernebelten Geist auftauchte.

Aber – nein! Sie wollte ihre Familie noch nicht verlassen, schon gar nicht nach ihrem Gespräch mit Matt am Morgen. Sein zorniges Gesicht stand ihr noch so deutlich vor Augen.

„Mama, ich habe den Psalm gefunden, den du in meine Tasche gesteckt hast. Ich wünschte, du würdest mich endlich mit dem Quatsch in Ruhe lassen." Wütend stopfte er seine Bücher in seinen Rucksack. „Du willst alles kontrollieren und über mein Leben bestimmen. Das war schon immer so, aber ich bin jetzt erwachsen. Ich muss mein eigenes Ding machen. Warum kannst du dich nicht einfach mal zurückhalten?"

„Aber Matt, das ist der dreiundzwanzigste Psalm", hatte sie erwidert, als sollte die Bedeutung doch jedem klar sein.

„Na und?"

Er hatte ja recht. Sie sollte eigentlich den Mund halten, aber das konnte sie nicht. „Matt, ich wünsche mir einfach so sehr, dass du Gott in dein Leben lässt. Er will dich mit allem beschenken, was du brauchst, und dich beschützen und-"

„Hör auf, Mama. Hör einfach auf damit."

„Aber Matt-"

„Mama! Es reicht!" Er warf seine Wolljacke achtlos zu den Kleidungsstücken, die zur Reinigung gebracht werden sollten. Erst später, nachdem sie die Wäsche abgegeben hatte, war ihr der Zettel mit dem Psalm wieder eingefallen, und sie fragte sich, ob er wohl noch in seiner Jackentasche steckte.

Seltsam, dass sie sich jetzt Gedanken um diesen Zettel machte, während sie in der Notaufnahme und vielleicht sogar im Sterben lag. Aber sie hatte ihn so sorgfältig abgeschrieben und jede Zeile umbetet. Wo er jetzt wohl war?

„Die Orthopädie hat gerade angerufen. Sie hätten jetzt ein Zeitfenster für die Operation offen."

Dr. Belding legte seine Hände an die fahrbare Bahre. „Also gut, Leute. Bringen wir sie schleunigst in den OP." Er wandte sich zu einer Schwester um. „Wurde die Familie verständigt?"

„Sie sind unterwegs."

„Gut. Sagen Sie mir Bescheid, wenn sie da sind."

Kates Gedanken kamen langsam zur Ruhe. Ihre Familie war verständigt worden. John war unterwegs, und Matt sicher auch.

Oh bitte, du musst für sie sorgen, betete sie. Ohne sie war John doch in vielen Dingen aufgeschmissen. Und Matt … *Sorge du für sie.*

Sie war schon wieder in Bewegung und wurde durch den grünen Flur geschoben. Immer weniger Gedanken schafften es an die Oberfläche ihres Bewusstseins. Doch der erste Satz des Psalms drang nach vorn, wieder und wieder. *Der Herr ist mein Hirte. Der Herr ist mein Hirte … Hirte …*

Pling. Die Aufzugtüren gingen auf.

Ein Hirte sorgt für seine Schafe. Er gibt ihnen zu fressen. Er führt sie ans Wasser. Er beschützt sie. Er …

Pling. Aus dem Aufzug, durch einen Flur, durch Doppeltüren. Noch mehr Leute. Noch mehr Masken.

Der Herr ist mein *Hirte. Der ganz persönlich für mich sorgt. Mein …*

Hinein in einen Raum mit hellen Lichtern.

Sie konnte Gott ihr Leben anvertrauen. Er hatte hundertmal bewiesen, dass er immer ihr Bestes im Sinn hatte. Sie konnte darauf vertrauen, dass Gott auch für Matt sorgen würde. Und für John.

Tiefer Frieden überkam Kate, und sie ließ alle Sorgen los.

„Papa!“

Unbeholfen legte John die Arme um seinen Sohn. Einen Augenblick lang konnte sich keiner von ihnen rühren.

Die Glastür ging auf, und John und Matt traten ein in ein hektisches Gewimmel aus Chaos, Schmerzen und Unsicherheit. Voller Selbstvertrauen schritt John voran. Bestimmt war es nur halb so schlimm. Man würde ihnen sicher gleich sagen, was zu tun war. Alles würde wieder in Ordnung kommen. Im Organisieren war er gut; er konnte Lösungswege finden. Gemeinsam eilten sie zum Informationsschalter.

„Mein Name ist John McConnell. Ich wurde benachrichtigt … meine Frau, Kate McConnell, hatte einen Autounfall.“

Die Schwester am Schalter blickte auf. „Einen Augenblick bitte.“ Ihre Haare waren zerzaust, und sie sprach hektisch in den Hörer: „Hallo? Warten Sie bitte kurz.“ Sie drückte einen Knopf und wandte sich an John. „Sorry. Also, noch mal, um wen geht es?“

„Kate McConnell.“

John spürte sein Herz heftig in seinem Brustkorb schlagen. Die Zeit schien stehenzubleiben, während die Frau den Namen in den vor ihr stehenden Computer eingab. Das dauerte doch alles viel zu lange.

„Ah. Sie wurde gerade in den OP gebracht. Sie können im Warteraum der Trauma-Intensivstation im dritten Stock warten.“ Sie deutete zu den Aufzügen hinüber.

„Können Sie uns nicht sagen, wie ihr Zustand ist?“, flehte John.

Die Frau schüttelte den Kopf. „Nein, sorry, dazu bin ich nicht befugt. Aber ich gebe dem Arzt Bescheid, dass Sie auf dem Weg nach oben sind.“

Das war nicht das, was er hören wollte. Mit Warten konnte man nichts erreichen. Er wollte die Sache strategisch angehen. Sich mit den richtigen Leuten in Verbindung setzen. Maßnahmen ergreifen. Das war seine Art, Probleme zu lösen. Er dachte an seine einflussreichen Klienten, die bestimmte Dinge mit nur einem Telefonat durchsetzen konnten. Keiner von ihnen könnte ihm jetzt helfen.

„Papa? Was sollen wir denn jetzt machen?", fragte Matt.

„Wir können wohl nur warten."

Zum ersten Mal in seinem Leben fühlte sich John McConnell vollkommen hilflos.

Der Aufzug war überfüllt. Matt drückte den Knopf für die dritte Etage und trommelte nervös mit den Fingern gegen sein Bein. Immer noch ging das alles viel zu langsam.

Im zweiten Stock hielt der Aufzug an und die Türen glitten auf. Einige Personen stiegen aus. Andere stiegen ein.

„Na los, komm schon." John wusste nicht, ob er das nur gedacht oder laut ausgesprochen hatte, und es war ihm auch egal.

Endlich erreichte der Aufzug den dritten Stock, und als die Türen aufglitten, stand ein distinguiert aussehender Herr mit ergrautem Haarschopf davor.

„Sind Sie die Angehörigen von Kate McConnell?", fragte er.

„Ja, ich bin ihr Mann", antwortete sein Vater. „Wie geht es ihr?"

Matt starrte den Mann im weißen Kittel beschwörend an und versuchte, seinen ernsten Gesichtsausdruck zu deuten.

„Ich bin Dr. Belding. Im Augenblick ist der Zustand Ihrer Frau stabil. Ein Lungenflügel ist kollabiert, einige Rippen sind gebrochen, und sie hat eine offene Fraktur am Bein, die die orthopädischen Chirurgen gerade versorgen."

„Dann wird sie also wieder gesund?", fragte Matt.

Dr. Belding blickte ihn ernst an. „Es ist noch zu früh für eine Prognose. Sie hat schwere Verletzungen erlitten, und ihre

Konstitution ist nicht so robust. Aber wir werden sie weiterhin sehr genau im Auge behalten und alles tun, was in unserer Macht steht."

„Aber sie wird es doch schaffen, oder?" Seine Stimme überschlug sich beinahe. Er merkte es, doch seine Panik war zu groß, er konnte sich nicht zusammenreißen.

Dr. Belding blickte ihm in die Augen. „Wir tun, was wir können, bitte glauben Sie mir das. Sie müssen ruhig bleiben und abwarten."

„Wann dürfen wir sie sehen?", fragte sein Vater.

„Nach der Operation werden wir sie auf die Intensivstation verlegen. Dann können Sie zu ihr. Warten Sie bitte dort drüben." Dr. Belding deutete auf den Warteraum. „Ich komme sofort zu Ihnen, sobald ich Näheres weiß."

Matt sah Dr. Belding nach, der durch den Flur davoneilte. Noch immer hatte er das vage Gefühl, dass dies alles nur ein Traum war, aus dem er gleich aufwachen würde, doch gleichzeitig wusste er, dass es nicht so war.

Nachdem sie im Wartezimmer Platz genommen hatten, spielte er in Gedanken immer wieder den Streit mit seiner Mutter durch. Er fand einfach keine Ruhe.

„Papa?"

Sein Vater hatte sich neben ihm nach vorn gebeugt und den Kopf in seine Hände gestützt. „Ja?"

„Denkst du, dass wir noch eine zweite Chance bekommen?"

Sein Vater hob den Kopf und sah ihn abgrundtief verzweifelt an. „Ich weiß es nicht, Matt. Ich weiß es einfach nicht."

Kate lag auf dem Operationstisch. Die Lampe über ihr war sehr hell. Schatten huschten durch den Raum. Das einzige Geräusch, das sie wahrnahm, war das Zischen des Beatmungsgeräts, das langsam für sie ein- und ausatmete, ein und aus.

Der Herr ist mein Hirte. Der Herr. *Der allmächtige Gott. Der Schöpfer des Universums.* Er *ist mein Hirte.*

Sanft wurden ihre Arme in die richtige Position gelegt. Jemand breitete ein steriles Tuch über sie aus.

Eine Stimme flüsterte ihr ins Ohr: „Ich gebe Ihnen jetzt etwas, damit Sie einschlafen. Alles ist in Ordnung."

Bevor Kate wegdämmerte, hauchte sie noch ein letztes Gebet.

Bitte gib, dass mein Leben etwas bewirkt hat.

Kapitel 2

Mir wird nichts mangeln.

Ganz unerwartet machte Chris Bennett Bekanntschaft mit der Liebe.

Es begann mit einer Sehnsucht, deren Intensität ihn überraschte. Er sah es nicht kommen, als er an jenem Nachmittag die Glastür des Drive-in-Schalters der Tomasi-Reinigung zurückschob, wie schon Hunderte Male zuvor. Schneeflocken fielen auf sein Gesicht, als er die schmutzigen Hemden vom Rücksitz eines BMW nahm.

„Ist Montag in Ordnung?", fragte er mit dem Haufen Oberhemden im Arm.

Der Fahrer winkte nur zustimmend und telefonierte unbeirrt mit seinem Handy weiter.

Chris stopfte die Hemden in einen Kleidersack und tippte eine Nummer in den Computer, dann druckte er den Zettel aus und öffnete erneut die Tür, um dem Fahrer den Zettel zu geben. Keine Reaktion. Für die Kunden war Chris meist wie unsichtbar, einfach ein ausführendes Element. Der BMW brauste davon, und ein roter Jeep rückte nach. Wieder ein Berg schmutziger Kleidungsstücke, wieder ein ausgedruckter Zettel.

Beim Sortieren der Wäschestücke befühlte er einen weichen, gelben Kaschmirpullover, bewunderte die Farbe eines roten Damenschals. Warum nur besaßen manche Menschen so viel und andere so wenig? Beim Durchsehen der Kleidungsstücke markierte er Flecken und Verschmutzungen und sortierte die Wäsche vor.

Eine Erinnerung aus seiner Kindheit durchzuckte ihn – eine Tüte voller abgelegter Kleidungsstücke, die er und seine Brüder die „Ramschtüte" nannten. Jeden Sommer kam eine wohlhabende Familie auf dem Weg in ihren Urlaub durch die kleine Stadt Hayville. Chris beobachtete sie jedes Mal in ihrem blitzsauberen Kombi, der vollgepackt war mit Koffern und Taschen. Zwei adrett gekleidete Kinder saßen auf dem Rücksitz – ein krasser Kontrast zu den Kindern, die auf der Straße der kleinen Stadt spielten.

Der Vater stieg jedes Jahr aus und stellte die „Ramschtüte" auf die Treppenstufe des Doppelhauses. Mit großen Augen drückten die beiden Kinder ihre Gesichter an die Autoscheiben und sahen zu, wie Chris und seine Spielkameraden sich auf den schwarzen Müllsack stürzten, ihn aufrissen und die Hemden, Hosen, Socken und abgelegte Unterwäsche darin inspizierten. Als er jetzt darüber nachdachte, erinnerte er sich wieder daran, wie sich sein Magen beim Durchwühlen der Kleidungsstücke zusammengekrampft hatte und welche Sehnsucht er dabei empfunden hatte. Nur wenn man schnell genug war, erwischte man ein Teil, das einem passte.

In einem Jahr hatte er einen wunderschönen Lederpantoffel herausgefischt. Aber das Gegenstück fehlte. Die Schönheit des weichen Leders stand ihm noch deutlich vor Augen. Dieser Pantoffel hatte perfekt an seinen kleinen Fuß gepasst. Verzweifelt hatte er den Sack nach dem zweiten durchwühlt, und noch Jahre danach hatte er in jedem Kleidersack nach dem passenden Pantoffel gesucht. Doch er hatte ihn nie gefunden.

„Ist Montag in Ordnung?" Wieder eine Ladung Hemden und Pullover. Wieder ein zerstreutes Winken ohne Augenkontakt oder Antwort.

Der Schneefall hatte sich verstärkt. In seiner Wohnung würde es nachher kalt sein und im Kühlschrank war auch fast nichts mehr. Ein Glas saure Gurken. Eine fast leere Flasche Ketchup. Pizzareste von gestern. Aber er war dankbar für diese

Wohnung, so kärglich sie auch ausgestattet war. Nachdem er viele Jahre lang ein Zimmer mit seinen vier Brüdern geteilt hatte, kam ihm seine kleine Wohnung vor wie ein Palast.

Chris druckte den Belegzettel für eine Frau in einem schwarzen Volvo aus und öffnete die Tür. Wieder traf ihn ein eiskalter Windstoß. Seufzend wandte er sich um und staunte über die chaotischen Wetterverhältnisse. Der Tag in der Reinigung war hart gewesen – ein nicht abreißender Strom von Kunden hatten Berge von Hemden, Jacken und Kleidern gebracht. Unendliche Maschinenladungen, die gewaschen und gebügelt und gemangelt werden mussten. Aber harte Arbeit machte ihm nichts aus, und er war dankbar für den Job und das Geld, das er damit verdiente.

Fünf Monate nach seinem Highschool-Abschluss hatte er seiner Heimatstadt Hayville den Rücken gekehrt. Niemand hatte ihn begleitet, als er sein Abschlusszeugnis entgegengenommen und die Hand des Rektors geschüttelt hatte. Seine Mutter war bereits kurz nach seiner Geburt gestorben, und sein Vater hatte bei der Arbeit nicht freibekommen.

Während der Schulzeit hatte Chris in der Schulcafeteria gejobbt und 450 Dollar gespart. Sein Stundenlohn war nicht hoch gewesen, aber er hatte umsonst essen dürfen, was vieles aufwog. Allerdings hatte ihm dieser Job die Verachtung der anderen Schüler eingebracht.

Auf jeden Fall war er froh gewesen, Hayville verlassen und in die Welt hinaus ziehen zu können. Auch wenn er sich in Bezug auf seine Zukunft keinerlei Illusionen machte. Einer wie er tat gut daran, sich keinen großen Hoffnungen hinzugeben, sondern sich auf Enttäuschungen einzustellen. Damit hatte er jede Menge Erfahrung.

„Da kommt ja ganz schön was runter“, rief Chris, während er begann, die Kleidungsstücke zu sortieren.

Mr Tomasi kam mit einem Ständer frisch gebügelter Hemden von hinten nach vorn. Überall lagen Berge schmutziger

Wäsche herum, und noch immer ließ der Strom der Kunden, die ihre Wäsche abgeben wollten, kaum nach.

„Wir sortieren die Wäsche noch und schließen dann heute mal etwas früher", sagte sein Chef.

Chris nickte. „Sieht so aus, als würde es noch ziemlich übel."

Chris machte sich an die Wäsche, die Mrs McConnell vorhin gebracht hatte. Eine wirklich sehr nette Frau. Sie gehörte zu den wenigen Kunden, die nicht einfach durch ihn hindurchsahen. Sie begrüßte ihn immer persönlich und hatte stets ein Lächeln für ihn übrig. Manchmal stellte sie ihm persönliche Fragen, und einmal hatte sie ihm sogar eine kleine Karte mit einem Bibelvers geschenkt. Er wusste aber nicht mehr, wo sie abgeblieben war.

Er trennte ihre Schmutzwäsche von den Kleidungsstücken, die gereinigt werden mussten. Eine halblange dunkelblaue Wolljacke war darunter. Eine sehr schöne Jacke, absolut trendig und in bester Qualität. Bestimmt gehörte sie Mrs McConnells Sohn. Durch das Schaufenster sah Chris, dass die wirbelnden Schneeflocken jetzt sehr dicht fielen. Draußen war es bitterkalt. Chris kam eine verwegene Idee: Die Wolljacke schien warm zu sein. Er probierte sie an; sie passte perfekt.

Es war keine große Sache. Gleich morgen früh, bevor die Reinigung öffnete, würde er sie wieder zurücklegen. Er hatte sich schon häufiger das eine oder andere Kleidungsstück ausgeborgt. Schöne Kleidung zog ihn unwiderstehlich an. Wenn er gut gekleidet war, fühlte er sich wie jemand, der wichtig war. Kleider machen Leute, da war schon etwas dran.

Als er die Hände in die Jackentaschen steckte, stieß er gegen einen Gegenstand, einen zusammengefalteten Zettel oder so etwas. Neugierig wollte er nachschauen, doch die Klingel vom Drive-in ertönte, und er zog die Jacke aus und eilte nach vorn, um den Kunden zu bedienen.

Schließlich scheuchte Mr Tomasi ihn nach draußen. „Na los,

Chris, sieh zu, dass du nach Hause kommst, bevor es noch schlimmer wird."

Das Wetter war Chris eigentlich egal. Er hatte an diesem Abend nichts vor; eigentlich hatte er nie etwas vor. Mr Tomasi verschwand nach hinten. Chris zog die schöne Wolljacke an, schlug den Kragen hoch und trat nach draußen ins Schneegestöber.

Auf den Gehwegen herrschte immer noch ziemliches Gedränge. Viele Fußgänger waren unterwegs, schwer bepackt mit Lebensmitteltüten. Vermutlich hatten sie ihre Autos stehen lassen und sich im Supermarkt mit dem Nötigsten eingedeckt, um für das Unwetter gerüstet zu sein.

Die Temperatur war sehr stark abgesunken, und er war froh, dass er die warme Wolljacke anhatte. Er zog sie enger um sich. Sie saß perfekt, sogar an seinen langen Armen, und sie passte gut zu seiner alten Jeans und den abgetragenen Sneakers. Mit den Fingern strich er sich die Schneeflocken aus seinen lockigen braunen Haaren und steckte die Hände dann in die Taschen, um sie warm zu halten.

Ach ja, da war er, der Zettel, den er schon in der Reinigung bemerkt hatte. Unter einer Markise über dem Eingang zu einem Bürogebäude blieb er stehen. Seine Finger schlossen sich um das Blatt Papier und zogen es heraus, um zu lesen, was drauf stand.

Der Herr ist mein Hirte.

Ein Bibelvers. Er las die nächste Zeile.

Mir wird nichts mangeln.

Das war der Moment, in dem sie ihn überfiel – die Sehnsucht in seinem Inneren, die sich als tiefer Schmerz äußerte. Er rieb sich über die Brust und atmete tief durch, doch der Schmerz wollte nicht weichen. In seiner ausgeliehenen Jacke stand er auf dem Bürgersteig und wunderte sich, dass ihm heiße Tränen in die Augen stiegen.

Damals in Hayville, vor langer Zeit, hatte er gelernt, dass

es sicherer war, nichts zu erwarten. Wenn man nichts erwartete, konnte man auch nicht enttäuscht werden. Es war die Erwartung eines Abendessens, die einen hungrig machte … und zornig, wenn kein Essen auf dem Tisch stand. Es war die Hoffnung, in einen schönen Film zu gehen, die einem wehtat, wenn dann andere das Geld für die Kinokarte bekamen und man selbst zu Hause bleiben musste. Es war der tiefe Wunsch, zur angesagten Party eingeladen zu werden, der Enttäuschung in einem aufsteigen ließ, wenn die Einladung ausblieb.

Er lehnte sich an die Säule des Gebäudes und ließ seinen Blick über seine Umgebung und die Menschen wandern, die unterwegs waren. Autos rollten über die Straße und hupten. Fußgänger eilten zu Besorgungen oder nach Hause. Die ganze Welt war in Bewegung. Nur Chris hatte das Gefühl, stillzustehen, unsichtbar und leer. Als er hierhergekommen war, hatte er auf Veränderung gehofft, darauf, dass irgendeine Form von Bewegung in sein Leben kam. Seine Umgebung hatte sich tatsächlich verändert, aber in seinem Inneren war alles gleich geblieben. Stagnierend. Leer.

Was wünschte er sich denn eigentlich? Wonach sehnte er sich? Nicht mehr unsichtbar zu sein? Nicht mehr leer? Darauf konnte er vermutlich lange warten. Gut, insgesamt kam er ja zurecht. Er konnte seine Miete bezahlen und seinen Lebensunterhalt bestreiten. Das war doch schon was. Trotzdem konnte er es nicht genießen. Diese Sehnsucht ließ nicht nach, die Sehnsucht nach … mehr. Nicht mehr Geld oder Besitz, darauf legte er gar nicht so viel Wert. Er sah sich die Auslagen in den Schaufenstern an, die Schaufensterpuppen, die in eleganten Anzügen und Seidenkleidern steckten und aussahen, als hätten sie alles im Griff. Doch das waren Plastikpuppen. Sie fühlten nichts.

Er stopfte den Zettel mit dem Psalm wieder in die Innentasche der Jacke. Das Blatt hielt er aber noch fest, irgendwie wollte er es nicht loslassen. Die Psalmworte hatten Gefühle in ihm geweckt, die lange geschlummert hatten.

Chris reihte sich wieder in den Menschenstrom auf dem Bürgersteig ein. Eine Frau in einem Pelzmantel führte einen lächerlich winzigen Yorkshire-Terrier spazieren. Ein Mann in einem zweireihigen Anzug eilte vorbei. Er hielt sich als Schutz vor dem Schnee eine Zeitung über seinen Kopf.

Inmitten all dieser Menschen war Chris ganz allein.

Sein Weg führte ihn an einer großen Kirche vorbei. Die Steintreppen endeten vor den dunklen Holztüren, die fest geschlossen waren. Die Kirche bot keinen Schutz vor der Kälte draußen. Der Zettel mit dem Psalm in seiner Tasche jedoch war warm, tröstlich, einladend.

„Bist du da oben, Gott?“, rief er zu dem grauen Himmel hinauf.

Keine Antwort. Das war ja auch klar. Es gab keinen Gott in dieser Welt, schon lange nicht mehr.

„Wenn du da bist, Gott“, sagte er, „dann wäre jetzt ein guter Zeitpunkt, dich mir zu zeigen.“

Immer noch nichts. Die Kirchentüren blieben geschlossen. Er zuckte die Achseln und setzte seinen Weg nach Hause fort.

Bei dem Gedanken, dass Gott sich ihm zeigen könnte, stahl sich ein Lächeln auf sein Gesicht. Als er acht Jahre alt gewesen war, hatte eine Familie aus der Stadt ihn in die Sonntagsschule eingeladen. In den Geschichten aus der Bibel, die er dort hörte, war Gott den Menschen immer wieder erschienen – einmal in einem brennenden Busch, ein anderes Mal in einer Feuersäule. Doch dann war die Familie, die ihn immer mitgenommen hatte, fortgezogen, er konnte nicht mehr in die Sonntagsschule gehen, und in ihm war eine unbestimmte Sehnsucht zurückgeblieben – die Sehnsucht danach, wieder diese Geschichten zu hören, die in ihm diese Hoffnung weckten auf das unbestimmte Mehr.

Heute erschienen ihm diese Geschichten wie Märchen. Er zog die Jacke enger um sich; heute war es wirklich bitterkalt. Das Blatt Papier in der Jackentasche knisterte.

Chris bog in die Market Street ein, in der für einen Freitagabend ungewöhnlich viel Betrieb herrschte. Inmitten eines Meeres von dunklen Mützen und Schals fiel ihm ein roter Punkt ins Auge. Der rote, sich bewegende Farbklecks zog ihn an wie ein Magnet.

Chris beschleunigte seinen Schritt und ließ dabei den roten Kreis nicht aus den Augen. Als er näher kam, erkannte er, dass es sich um eine Mütze handelte, eine rote Baskenmütze auf dem Kopf eines Mädchens, nein, eigentlich einer jungen Frau. Ihre langen braunen Haare lugten darunter hervor, ihre Tweedjacke schmiegte sich an ihren Körper. Eine Mischung aus Polyester und Wolle, vermutete er – definitiv nur für die chemische Reinigung geeignet. Er bemühte sich, sie in der Menge nicht zu verlieren.

Der Schneefall ließ nach. Es war ein trüber Abend, aber für Chris war es ein belebendes kleines Abenteuer, der roten Baskenmütze zu folgen. Und gerade als er dachte, er hätte sie verloren, entdeckte er sie doch wieder unvermittelt vor sich und beobachtete, wie sie einen Laden betrat. Ein hell erleuchtetes kleines Eckcafé. Es strahlte Frieden und Behaglichkeit aus. Auf dem Schild draußen stand *Holy Ground Coffee Shop*.

Kurz entschlossen trat Chris ein, und sofort hüllte der Duft von frisch gemahlenem Kaffee ihn ein; ein intensives Aroma, und es war, als hätte er diesen Duft nie zuvor wahrgenommen. Der erbärmliche Kaffee aus dem Supermarkt, den er normalerweise trank, hatte seine Geschmacksnerven wohl schon so betäubt, dass der echte Kaffeeduft ihn beinahe umhaute. Er ließ das würzige Aroma auf sich wirken und blickte sich neugierig in dem kleinen Café um.

Der Gastraum war voller Licht, Wärme und Farben, die ihn anzogen und dazu veranlassten, tiefer einzuatmen. Auf den

Schildern über der Theke las er exotische Namen: *Sumatra, Kona, Java, Mokka.* Außerdem gab es Spezialitäten wie „Liebe-deinen-Nächsten-Lungo“ und „Kapernaum-Cappuccino“. Was auch immer das sein sollte, es klang irgendwie spaßig.

In den vergangenen fünf Monaten war er jeden Tag zu Fuß von der Reinigung nach Hause gelaufen, doch dieser Laden war ihm noch nie aufgefallen. Wieso eigentlich nicht?

Er beobachtete, wie das Mädchen mit der roten Baskenmütze etwas bestellte. Ihr Gesicht leuchtete und strahlte frische Energie aus, ihre Wangen waren von der kalten Abendluft rosig gefärbt. Sie zog ihre Jacke aus und winkte einigen Freunden zu, die sie entdeckt hatte.

Chris drückte sich an die Wand. Er war noch nicht bereit, ganz hereinzukommen, wollte aber auch nicht länger draußen stehen. Das fröhliche Gezwitscher der vielen Stimmen und die leise Musik lockten ihn an, doch die alte Furcht lähmte ihn auch. Die Stimmen aus seiner Vergangenheit und die so oft erlebte Zurückweisung verfolgten ihn.

Er beobachtete, wie die Bedienung dem Mädchen mit der roten Mütze einen Becher Kaffee in die Hand drückte. Sie nahm ihre Geldbörse aus der Tasche, um zu bezahlen. Während sie das Geld herüberreichte, streifte ihr Blick Chris. Sie schaute noch einmal hin. Und dann lächelte sie ihn an.

Seine Knie wurden weich. Sie hatte ihn angelächelt! Er blickte sich um, weil er sichergehen wollte, dass sie keine andere Person gemeint hatte. Nein, da war sonst niemand. Das Lächeln war für ihn bestimmt gewesen.

Er beobachtete fassungslos, wie sie ihr Wechselgeld entgegennahm und es in den Krug für das Trinkgeld fallen ließ. Sie wechselte noch ein paar fröhliche Worte mit dem Mädchen hinter der Theke und steuerte schließlich mit ihrem Kaffee einen Tisch an. Ganz allein setzte sie sich an einen kleinen schmiedeeisernen Tisch, beugte sich über ihre Tasse und atmete tief das Aroma des Kaffees ein, das von dem Becher aufstieg.

Chris stand da wie vom Donner gerührt. Wie ein Zombie, ein lebender Toter. Er hatte einmal gelesen, dass es nicht gut sei, zu schnell aus der Dunkelheit ins Licht zu treten. Das Auge könne sich nicht so schnell auf die Helligkeit einstellen, hieß es. So war das wohl auch mit den Chancen. Er hatte in seinem Leben selten eine Chance gehabt und ganz vergessen, dass es so etwas überhaupt gab.

Interessiert beobachtete er, wie das Mädchen in ihrer braunen Umhängetasche kramte. Ihre Haare glänzten im Licht der Deckenlampe. Sie nahm einen Bogen Papier und einen Stift heraus. Eine Weile starrte sie nachdenklich vor sich hin, dann begann sie zu schreiben.

Es war Jahre her, dass Chris mit einem anderen Menschen als Mr Tomasi ein richtiges Gespräch geführt hatte. Er probierte in Gedanken durch, was er zu ihr sagen könnte.

„Hallo." Nein, zu formell.

„Hi." Schon besser.

So, er hatte also den Einstieg. Aber was weiter? Vielleicht war es falsch, sie überhaupt anzusprechen. Vielleicht sollte er lieber einfach wieder gehen. Sein Blick wanderte zur Tür. Doch da war er wieder, dieser Schmerz. Ganz fest umklammerte er das Blatt Papier, das immer noch in seiner Tasche steckte.

Er nahm es heraus und entfaltete es. Mrs McConnell hatte eine schöne Handschrift, sehr prägnant und selbstbewusst. Die Worte waren mit so großer Gewissheit zu Papier gebracht worden, dass sich die Buchstaben auf die Rückseite des Papiers durchgedrückt hatten.

Der Herr ist mein Hirte; mir wird nichts mangeln.

Jedes Wort steckte voller Überzeugung. Sie hatte geglaubt, was sie da geschrieben hatte. Vielleicht konnte er das auch.

Chris' Blick wanderte über die Gäste hinweg, die in dem kleinen Café an den Tischen saßen. Manche waren allein da, in ein Buch vertieft oder über ihren Laptop gebeugt, andere saßen in kleinen Gruppen zusammen, plauderten miteinander und lachten, freuten sich an ihrem Miteinander.

Ausgelöst durch den Psalm stürmten Erinnerungen auf ihn ein – Erinnerungen an die Sonntagsschule und die Einfachheit des Glaubens, wie er ihm damals vorgestellt worden war. Das Bild von Jesus, der sich das verlorene Lamm über die Schultern legte, stand ihm vor Augen. Er erinnerte sich, wie farbenfroh die Räume gewesen waren, wie viel Spaß sie gehabt hatten, wie intensiv die Gerüche und Geschmacksempfindungen gewesen waren. Damals war ihm alles möglich erschienen. Eine Zeit lang hatte er Gott richtig geliebt. Wann war er so zynisch geworden? So abgekapselt und einsam?

Das reiche Aroma des Kaffees machte ihm ganz plötzlich deutlich, wie öde sein Leben geworden war.

„Mir wird nichts mangeln", sagte er langsam und leise zu sich selbst.

Da war der Schmerz. Ganz unvermittelt überrollte ihn wieder diese tiefe Sehnsucht. Es war doch alles da, genau vor seiner Nase. Es war, als wartete Gott darauf, dass er die Fülle annahm, die er und die Welt ihm zu Füßen legten. Vielleicht war er Gott gegenüber zu ablehnend, zu verurteilend gewesen. Vielleicht war Gott mehr als die dunkle, leere Kirche, an der er jeden Tag vorüberging.

Er trat an die Theke und war überwältigt von der Gebäckauswahl – Apfel-Nuss-Muffins, Blaubeer-Scones, Kekse mit Schokoladenchips in den unterschiedlichsten Farben und Formen. Einige waren mit Schokolade überzogen, von anderen tropfte die Glasur – und da, ein Doughnut mit roten Sprenkeln. Er fühlte sich wie damals als Kind, wenn er sich am Schaufenster des Spielwarenladens die Nase plattgedrückt hatte.

„Ich möchte …", sagte er. Er dachte an das schwer verdiente

Geld in seiner Tasche. Es würde gut für den Monat reichen, trotzdem zögerte er, etwas davon auszugeben. Die Befürchtung, dass alles doch irgendwie nicht hinhauen würde und dass er durch irgendwelche widrigen Umstände plötzlich auf der Straße stand, war nicht abzuschütteln. Die Angst vor dem Mangel verhinderte, dass er sich etwas gönnte.

„Ja?", fragte das Mädchen hinter der Theke mit hochgezogenen Augenbrauen.

Die Auswahl war so schrecklich groß. Eine Überfülle. Wie sollte er sich da entscheiden? Er spürte, wie Panik in ihm hochstieg, und einen Augenblick lang überlegte er, ob er nicht lieber die Flucht ergreifen sollte.

„*Mir wird nichts mangeln*", murmelte er vor sich hin, beinahe wie eine Beschwörung. Er sah das Bild des Hirten vor sich, der das Schaf trug, und den freundlichen, liebevollen Ausdruck auf dem Gesicht des Mannes. Diese Liebe wünschte er sich. Zum ersten Mal in seinem Erwachsenenleben sprach er, halb unbewusst, das einfache Gebet eines Kindes: *Hilf mir.*

Die Welt öffnete sich, Licht flutete herein und brachte eine Million Möglichkeiten mit sich.

„Cappuccino." Das Wort kam über seine Lippen, als hätte er es sein ganzes Leben lang ausgesprochen. „Cappuccino", wiederholte er, einfach weil es so gut tat, eine Entscheidung getroffen zu haben. „Ja, ich möchte einen Kapernaum-Cappuccino."

Er stieß einen unhörbaren Seufzer der Erleichterung aus. Seine Schultern entspannten sich, und auch wenn das doch eigentlich eine Kleinigkeit gewesen war, fühlte er sich, als hätte er gerade den Mount Everest bestiegen.

Das Mädchen wirkte ebenfalls erleichtert. „Klar, gerne. Sonst noch etwas?"

Die Gebäckstücke in der Auslage waren zu verlockend. Sein Blick blieb an einem Donut hängen; der glitzernde Zuckerguss und die dicken Schokoladenstücke ließen ihm das Wasser im Mund zusammenlaufen. „Und ein Schokoladendonut", sagte er und ignorierte die Tatsache, dass das kleine Ding ziemlich teuer war.

Wärme erfüllte ihn, und er freute sich wie ein Kind. Während er auf seine Bestellung wartete, beobachtete er das Mädchen mit der roten Baskenmütze.

„Sie heißt Pamela“, erklärte das Mädchen hinter der Theke, als sie ihm seinen dampfenden Becher reichte.

Er errötete.

„Ich habe gesehen, dass du sie beobachtet hast.“

Chris nickte nur und wusste nicht, was er sagen sollte.

„Sie mag Himbeerscones“, vertraute das Mädchen ihm lächelnd an.

Chris beobachtete, wie Pamela in ihrem Kaffee rührte. *Also gut, Gott*, betete er zum zweiten Mal, *dann mal los.* Er gab noch eine Bestellung auf. „Wenn das so ist, nehme ich noch einen Himbeerscone.“

Er bezahlte und blieb einen Augenblick mit der kleinen Gebäcktüte in der einen und seinem dampfenden Kaffeebecher in der anderen Hand stehen. Der Tisch, an dem das Mädchen saß, zog ihn magisch an, und die rote Baskenmütze wies ihm den Weg wie ein Leuchtturm. Er schob sich vorbei an den anderen Tischen, eine unendlich weite Strecke, wie ihm schien, und dann endlich trat er an ihren Tisch.

„Hi“, sagte er. „Ich bin Chris.“

Sie hielt inne und blickte zu ihm hoch. Sie hatte die blauesten Augen, die er je gesehen hatte. Sein Herz tat einen Satz.

Und dann geschah etwas Unglaubliches.

Sie lächelte. Dieses Mal konnte ihr Lächeln wirklich nur für ihn bestimmt sein. „Hallo, Chris“, erwiderte sie. „Ich bin Pam.“

Sie nahm ihre Umhängetasche vom Stuhl und bot ihm mit einem freundlichen Nicken den leeren Platz neben sich an.

Chris stellte seine Sachen ab und zog den Mantel aus. Ohne Scham strich er sein abgetragenes Flanellhemd glatt, setzte sich neben sie und atmete erst mal tief durch. Er nahm alles in sich auf. Die Gerüche und Geräusche. Den Klang ihrer Stimme.

Sein Blick wanderte zu dem Brief, den sie gerade schrieb. *Lieber Derek,* stand ganz oben auf der Seite.

„Schreibst du an deinen Freund?", fragte Chris.

Sie schüttelte den Kopf. „Nein. Mein Bruder Derek ist im Irak stationiert. Der Brief ist für ihn."

Chris seufzte erleichtert auf. Ihr Bruder – nicht ihr Freund. Ganz plötzlich liebte er ihren Bruder. Er war bestimmt ein wahnsinnig netter Mensch.

Sie legte ihren Stift aus der Hand und blickte ihn direkt an, nicht wie seine Kunden, die ihn gar nicht wahrnahmen. Er hielt ihrem Blick einen Moment stand, dann schaute er weg und holte das Gebäck aus der Tüte. Die Gebäckstücke dufteten verführerisch: Das goldene Scone mit den Zuckersprenkeln, tiefrote Himbeeren sickerten aus der Seite, und das dicke Donut mit den leicht geschmolzenen Schokoladenchips oben drauf.

„Willst du eins?"

„Danke." Pam nahm das Himbeerscone in den Blick. „Anscheinend hat Julie dir verraten, was ich mag."

Chris nickte.

„Ich komme oft hierher", erklärte sie. „Meine Wohnung ist manchmal so einsam. Verstehst du, was ich meine?"

Chris nickte. Und wie er das verstand. Er spielte mit dem weißen Blatt in seiner Hand.

„Was ist das?", fragte Pam.

„Ich habe es gefunden." Chris dachte an Mrs McConnell und daran, dass sie sich bestimmt freuen würde, wenn sie wüsste, dass ihre Bibelverse weitergegeben wurden. Er wollte Pam unbedingt etwas schenken. „Du könntest es deinem Bruder schicken."

Chris reichte ihr das Papier. Eine Ecke hatte einen Kaffeefleck, aber sie schien ihn nicht zu bemerken. Sie faltete es auf.

„Psalm dreiundzwanzig. Cool. Das ist einer meiner Lieblingspsalmen."

„Ich habe den in meiner Kindheit oft gehört", sagte Chris.

„Ich auch." Sie senkte den Blick auf das Blatt. „Er ist toll. Wann immer ich ihn gelesen oder gehört habe, habe ich mich geborgen und geliebt gefühlt."

„Ich auch", sagte Chris. Und in dem Moment, in dem er es aussprach, erkannte er, dass es stimmte.

„Meintest du das ernst, dass ich den Zettel meinem Bruder schicken soll?", fragte Pam.

Chris nickte. Er sah zu, wie sie das Blatt faltete und in den rosa Umschlag steckte.

„Schöner Mantel", meinte sie und deutete mit dem Kopf auf die Wolljacke.

„Ja, aber er gehört mir nicht, ich hab ihn nur ausgeliehen", erklärte Chris. Er wollte Pam gegenüber Chris sein, nicht den Eindruck erwecken, er sei eine andere Person. Sie sollte ihn kennenlernen, wie er war.

Eingehüllt von Geräuschen, Düften, Empfindungen, Möglichkeiten und der Fülle des Lebens hatte er so deutlich wieder das Gefühl von früher, dass Gott da war und ihn liebte, dass er sich fragte, wie er es je hatte vergessen können. Er erinnerte sich, was er gerade noch zu Gott gesagt hatte: „*Wenn du da bist, dann wäre jetzt ein guter Zeitpunkt, dich mir zu zeigen.*" Lächelnd dachte er an den brennenden Dornbusch und die Feuersäule. *So* eine Erscheinungsform Gottes hätte ihn vermutlich zu Tode erschreckt. Da war es schon sehr gut, dass Gott sich ihm in einer roten Baskenmütze und einer Tasse Kaffee gezeigt hatte.

Weiches Licht schien auf den Tisch. Die Welt schien voller Chancen und Hoffnung zu sein. Die Liebe und Annahme, die

Chris fast körperlich spüren konnte, hatte nichts mit dem hübschen Mädchen zu tun, das ihn von der anderen Tischseite her anlächelte. Er wurde geliebt von Gott, einem Gott, der wollte, dass er ein Leben in Fülle lebte.

Morgen würde er wieder in der Reinigung stehen, unsichtbar für die Kunden … aber Gott sah ihn, das wusste er jetzt wieder. Und er fühlte sich auch nicht mehr leer. In seinem Inneren wuchs ein Hoffnungsfunke, der seine ganze Wahrnehmung von sich selbst und seinem Leben zu verändern begann. Der Schmerz war verschwunden.

Die Welt unter seinen Füßen geriet in Bewegung, wie der Sand damals am Strand, als er mit seiner Schulklasse einen Ausflug ans Meer gemacht hatte. Schon lange hatte er nicht mehr daran gedacht, aber plötzlich konnte er wieder die salzige Luft schmecken und das Kreischen der Seevögel hören.

Er sprach ein Gebet, sein drittes in mehr als einem Jahrzehnt. Es war nur sehr kurz, aber das beste Gebet, das er sich vorstellen konnte: *Danke, Gott.*

Kapitel 3

Er weidet mich auf einer grünen Aue.

„Erzählen Sie mir, woran Sie sich erinnern, Gefreiter Johnson."

Dr. Mitchell nahm auf dem Hocker neben Derek Johnsons Pritsche Platz. Dereks große Hände waren auf der Bettdecke ständig in Bewegung. In seinen grau-grünen Augen lag ein fragender, verunsicherter Ausdruck. Er wusste, dass er im Lazarett lag, weil er bei einem Einsatz verletzt worden war, aber das war es auch schon mit seinem Wissen.

„An gar nichts." Derek kramte verzweifelt in seinem Gedächtnis, aber in seinem Kopf herrschte ein riesengroßes Chaos – seine Gedanken waren wie Papierfetzen, die durch einen Tornado durcheinandergewirbelt worden waren. Die Erinnerung an die vergangene Woche war noch da, doch die Ereignisse der letzten paar Tage waren für ihn nicht mehr greifbar.

Hilflos hob er die Hände und schüttelte den Kopf.

„Lassen Sie sich Zeit."

Derek schloss die Augen. Ein paar bruchstückhafte Bilder standen ihm vor Augen. „Eine Wäscheleine …", sagte er, „an der ein Bettlaken hing."

„Gut. Was war das genau für ein Bettlaken?"

„Es war weiß, frisch gewaschen und flatterte im Wind. Es erinnerte mich an …" Derek verstummte. Dunkle Gedanken lagen in seinem Kopf auf der Lauer und rückten näher an sein Bewusstsein heran.

„Weiter. Woran erinnerte es Sie?"

Derek lenkte seine Gedanken von der Dunkelheit fort.

Durch das Fenster in seinem Krankenzimmer sah er in den blauen Himmel und musste blinzeln.

„An meine Mutter in Montana und an Pam, meine Schwester. Meine Mutter mochte keine Wäschetrockner. Sie hängte die Wäsche immer hinaus an die Leine im Garten. Pam und ich spielten zwischen den frisch gewaschenen Bettlaken Verstecken."

Die Erinnerung kam ihm vor wie ein Traum. Sonnenstrahlen, die durch die Bäume fielen. Das Lachen von Kindern, die sorglos durch das hohe grüne Gras tobten und zwischen den Wäschestücken Verstecken spielten. Bettlaken, die frisch und sauber an der Wäscheleine hingen.

„Die Sonne knallte auf die Bettlaken herab", begann Derek. „Pam …"

Er brach ab und starrte aus dem Fenster. Die Szene in seinem Geist löste sich in Luft auf.

„Wer ist Pam? Erzählen Sie mir von ihr."

„Pam ist meine kleine Schwester", erklärte Derek. „Sie lebt jetzt in Baltimore und macht eine Krankenpflegeausbildung. Letzte Woche habe ich einen Brief von ihr bekommen."

Derek schloss die Augen und gab sich der Erinnerung hin. Die Postausgabe war das Schönste am Tag. Sein Freund Peter hatte wie jede Woche einen Brief von seinen Eltern bekommen. Und wie immer traten Peter beim Lesen Tränen in die Augen. Er erklärte sie immer mit einer ominösen Allergie und legte den Brief dann zu den anderen in einen Kasten, den er unter seiner Koje aufbewahrte.

Pam hatte rosa Briefpapier für ihren Brief gewählt, und seine Kameraden hatten Derek deswegen geneckt. „Immer mit der Ruhe, Jungs. Der Brief ist von meiner Schwester."

„Das behaupten alle", hatte Peter gesagt und ihm einen Luftkuss zugeworfen.

Er vermisste seinen Freund. Wo war Peter wohl? Er war der jüngste Soldat der Einheit; er hatte gerade erst die Highschool abgeschlossen. Ein Teenager aus North Carolina mit frischem Gesicht und sandfarbenen Haaren. Immer hatte er sein Kreuz bei sich, das er zusammen mit seiner Kennmarke um den Hals trug. Vor jedem Einsatz küsste Peter das Kreuz. Etwas Unschuldiges und Vertrauensvolles lag in dieser Geste.

Irgendetwas in Derek scheute sich davor, nach Peter zu fragen. Die Frage erschien ihm gefährlich, auch wenn er nicht wusste, warum. Er dachte an den Brief von Pam und den Zettel, den sie dazugelegt hatte – darauf stand der Psalm 23 in einer schönen Handschrift.

„Pam hat mir einen Psalm geschickt, in dem es um grüne Wiesen geht. *Er weidet mich auf einer grünen Aue.*"

Schon oft hatte Derek den 23. Psalm gelesen, doch nie zuvor war er an diesem einen Vers so besonders hängen geblieben. Peter dagegen schon. Als Derek Peter das Blatt mit dem Psalm gezeigt hatte, hatte Peter den ganzen Psalm auswendig aufgesagt. Derek erinnerte sich an Peters Bemerkung. „*Er weidet mich auf einer grünen Aue.* Mann, wie ich mir etwas Grünes herbeiwünsche! Hier ist alles braun – der Sand, die Tarnanzüge, die Zelte, alles braun!"

„Sogar das Essen ist braun", hatte Derek hinzugefügt.

Peter hatte gelacht und den Blick abgewandt. „Manchmal schließe ich die Augen und stelle mir vor, ich wäre an einem anderen Ort, auf einer grünen Wiese, über die ein kühler Wind weht und auf der sich das hohe Gras im Wind wiegt. Die Vorstellung ist wunderschön. Tja, aber wenn ich dann die Augen aufmache, bin ich immer noch hier."

„Erzählen Sie mir von dem Zettel mit dem Psalm", forderte der Arzt Derek auf und holte ihn aus seinen abschweifenden Gedanken in die Realität zurück. „Wo befindet er sich jetzt?"

„Der Psalm steckte in meiner Tasche. Ich hatte ihn dabei,

als …“ Die dunklen, gefährlichen Gedanken rückten näher. Panik stieg in ihm hoch, und er schwankte zwischen dem Wunsch, sich zu erinnern, und einem innerlichen Zurückschrecken davor. „Als …“

Er brach ab. Der Kloß in seiner Brust schwoll an. Derek versuchte krampfhaft, daran vorbeizuschlucken, sich zu sammeln, sich wieder in den Griff zu kriegen. Vergeblich. Er begann zu schwitzen. Seine Hände bewegten sich hektischer. „Ich … ich erinnere mich nicht, was passiert ist … ich kann nicht …“

„Atmen Sie tief durch, Gefreiter.“

„Ich kann nicht!“

„Atmen Sie! Ein und aus. Ein und aus.“

Derek wollte ganz normal atmen, aber es gelang ihm nicht. Keuchend schnappte er nach Luft. „Nicht … ich kann nicht. Nicht weiter!“

„Dann lassen Sie uns eine Pause machen“, sagte der Arzt ruhig.

Derek sank in das Kissen zurück und schloss die Augen. Dr. Mitchell klappte seinen Notizblock zu und verließ leise den Raum.

„Guten Morgen, Gefreiter Johnson.“

„Hallo, Doc.“ Derek blickte von dem Kreuzworträtsel hoch, das er gerade löste.

Dr. Mitchell ließ sich an seinem Platz am Bett nieder. Mit leiser Stimme fragte er: „Kommt die Erinnerung zurück?“

Derek zögerte. Er legte das Rätselheft aus der Hand und blickte den Arzt an. Dessen freundliche Augen ermunterten ihn zum Reden.

„Ich erinnere mich an den Morgen, an unsere Patrouille.“ Dereks Hände waren wieder auf der Bettdecke, und sie konnten einfach nicht ruhig liegen bleiben.

„Was ist dabei passiert?"

„Es war noch früh, als wir aufbrachen – noch vor Sonnenaufgang. Eine routinemäßige Patrouille. Peter und die anderen maulten, wie üblich." Derek lächelte bei der Erinnerung an das ständige Murren seiner Kumpel. „Es gab zwei oder drei Patrouillen pro Tag, jeden Tag, den ganzen Monat. Ich war ziemlich erschöpft – viel zu wenig Schlaf. Das ging allen in unserer Einheit so."

„Was geschah dann?"

„In einem Wohngebäude in der Stadt waren verdächtige Aufständische beobachtet worden. Wir sollten das überprüfen." Da war wieder dieser schwarze Schatten, der sich aus irgendeiner Kammer seines Unterbewusstseins anschlich. Derek verstummte.

Der Arzt wartete eine Weile, und als nichts mehr kam, forderte er ihn schließlich auf: „Erzählen Sie weiter."

„Vor dem Gebäude stellten wir die Panzerfahrzeuge ab. Peter und ich stiegen aus, und Sergeant Donald forderte uns auf, das Haus nach verdächtigen Personen abzusuchen. Ich erinnere mich, dass ich eine Wohnung betreten habe. Ich sehe den Raum noch vor mir. Es wimmelte von Ungeziefer. Schmutzige Kleidungsstücke auf dem Boden. Verdorbene Lebensmittel im Spülbecken. Ein saurer Gestank hing in der Luft."

Dereks Hände bewegten sich schneller. „Peter küsste wie üblich sein Kreuz. Dann hörten wir von draußen Schüsse. Kugeln zerschlugen die Fensterscheiben, und Glassplitter spritzten durch den ganzen Raum. Wir warfen uns auf den Boden. Eine ganze Weile lagen wir einfach nur reglos da. Peter küsste unentwegt dieses dumme Kreuz, als wollte er Gott damit zwingen, uns zu Hilfe zu eilen."

„Und dann?"

„Wir hörten Schritte. Jemand flüchtete aufs Dach. Der Himmel war so blau. So unglaublich blau. Ganz langsam stieg ich die Treppe hoch, achtete auf jeden Schritt. Peter war dicht hinter mir. Wir bewegten uns sehr vorsichtig, waren absolut wachsam."

Derek brach ab. Da war noch etwas – etwas Verschwommenes, das am Rande seiner Erinnerung herumgeisterte. Er nahm das Glas von seinem Nachttisch und wollte einen Schluck Wasser trinken, verschüttete aber den größten Teil.

„Ich sah ...", begann Derek und brach wieder ab.

„Lassen Sie sich Zeit."

Der dunkle Gedanke war ihm viel zu nahe gekommen. Er konnte nicht ertragen, was er in ihm auslöste, was sich dahinter verbarg, und er begann unkontrolliert zu zittern.

„Schon gut, Gefreiter." Der Arzt erhob sich und ergriff Dereks Hände. „Beruhigen Sie sich."

Dereks Hände zitterten unbeirrt weiter.

„Ich bin hier, Gefreiter."

Keine Reaktion.

„Schwester!"

Eine Nadel brachte die dringend benötigte Erleichterung, und Derek dämmerte in den Schlaf.

Dr. Mitchell nahm wie jeden Tag auf dem schmalen Hocker Platz und legte sein Notizbuch auf seine Knie. „Guten Morgen."

Derek wandte sich ab. „Ich will nicht über den Einsatz reden."

Der gestrige Tag hatte ihn an den Rand einer Panikattacke gebracht, und in der Nacht hatten ihn Albträume und dunkle Bilder verfolgt. Sie bedrängten ihn auch jetzt noch, und nur mit Mühe konnte er sie wegdrücken.

„Das brauchen wir auch nicht."

Derek drehte sich wieder um und blickte den Arzt fragend an.

„Wir können über etwas anderes reden. Sie erwähnten ein Blatt, einen Zettel mit einem Psalm darauf?“

Die Erinnerung an den Psalm brachte Derek keine schwarzen Gefühle, sondern er gab ihm Frieden und machte ihm Mut. Über den Psalm konnte er reden. „Ja. Ich habe einen Brief von meiner Schwester bekommen, dem der Zettel mit dem Psalm beigelegt war. Sie war verärgert und beunruhigt, weil ich ihre E-Mails nicht beantwortet hatte.“

„Und warum haben Sie sie nicht beantwortet?“

Derek zuckte die Achseln. „Es gab einfach nichts Neues zu berichten. Und es machte mir zu viel Mühe, ständig etwas vorzutäuschen.“

„Etwas vorzutäuschen?“

„Ja, immer so zu tun, als sei das hier eine Art Urlaubsreise oder so etwas. Verstehen Sie denn nicht … hier verlieren jeden Tag Menschen ihr Leben.“

„Zum Beispiel?“

„Zum Beispiel John Henderson, Juan Mendez oder Leo Mancini; all die Jungs, mit denen ich hergekommen bin. Müssen wir darüber reden?“

„Nein.“

„Gut.“

„Was ist nun also mit diesem Zettel, den Ihre Schwester mitgeschickt hat? Sie haben ihn bereits zweimal erwähnt.“

„Ja, es war ein handgeschriebener Zettel mit dem Psalm dreiundzwanzig darauf. *Der Herr ist mein Hirte*, und so weiter. Kennen Sie den Psalm?“

„Ja.“

„Bei dem Satz *Er weidet mich auf einer grünen Aue* muss ich immer an Montana denken, meine Heimat. Es ist so herrlich grün da …“

„Lebt Ihre Mutter noch dort?“

„Ja, immer noch in dem Farmhaus, in dem wir aufgewachsen sind.“

„Das Haus mit der Wäscheleine?"

„Ich will lieber auch nicht über die Wäscheleine reden." Die Dunkelheit kam wieder näher.

„Sie sagten, Sie erinnerten sich an ein Bettlaken. Ein weißes Laken … das im Wind flatterte?"

Derek kämpfte gegen die Gedanken an, die ihn bedrohten. Endlich hatte er sie wieder in die Tiefe gedrängt, wo sie ihm nichts anhaben konnten. „Das ist alles, woran ich mich erinnern kann", erklärte er. „Es tut mir leid, Doc. Mehr geht im Augenblick nicht."

Die Gedanken in Dereks Kopf wirbelten durcheinander wie ein dunkler Sturm, obwohl auch kleine Lichtschimmer das Chaos durchdrangen. Dunkelheit und Licht. Grüne Auen und braune Wüste. Ein Wettstreit der Gegensätze.

„In Ordnung. Wir werden später weiterreden."

Als Dr. Mitchell sich verabschiedet hatte, dachte Derek doch wieder über den Einsatz nach. Erinnerungsbruchstücke wirbelten in seinen Gedanken herum wie Puzzleteile. Einige fanden ihren Platz: Da war das Dach. Und Geschrei. Und Peter. Etwas war mit Peter. Negativ. Andere Teile des Puzzles fehlten und einige Teilchen lagen noch mit der Rückseite nach oben auf dem Tisch.

Derek wollte nicht mehr darüber nachdenken. Er war verwirrt und erschöpft. Immer wieder stahl sich der Psalm in seine Gedanken, und er stellte sich vor, wie es wäre, sich auf einer sattgrünen Wiese hinzulegen und in den blauen Himmel zu schauen. Total entspannt den treibenden Wolken zuschauen und keine Sorge in der Welt haben … Er lag zwar flach auf dem Rücken, aber das war es auch schon an Gemeinsamkeiten mit seiner friedlichen Vorstellung von der grünen Wiese.

Das Bild, wie Peter das Kreuz küsste, stand ihm immer wieder vor Augen. Dieses Kreuz war Peter ein großer Trost gewesen, ein fester Halt im Chaos des Krieges. Sein Glaube brachte ihm Frieden.

Dereks Blick wanderte zu Dr. Mitchells leerem Hocker, und er stellte sich vor, Jesus würde dort sitzen. In seinem Gesicht las er keinerlei Verurteilung, sondern nur große Liebe und Mitgefühl. Wenn er sich diesem Jesus anvertrauen würde … vielleicht konnte er ihm helfen, sich der dunklen Bedrohung zu stellen, die in seinem Hinterkopf auf ihn lauerte.

Jesus, hol mich aus dieser Hölle meiner Gedanken. Hilf mir, auf einer grünen Aue Ruhe zu finden.

Derek gab alles an Gott ab – die Erinnerungen, die Verwundung, das Chaos in seinen Gedanken. Ein tiefer Friede begann ihn zu erfüllen. Zwar waren die Gedanken immer noch da, aber sie beunruhigten ihn nicht mehr so haltlos. Jesus war bei ihm. Was immer kommen mochte, mit Gottes Hilfe konnte Derek sich ihm stellen.

Er schloss die Augen. Langsam sickerten die Erinnerungen in sein Bewusstsein, und diesmal verschloss er sich nicht vor ihnen.

„Guten Morgen, Gefreiter Johnson."

„Guten Morgen, Doc."

Derek saß auf der Kante seiner Pritsche und beugte sich vor. Seine Hände lagen entspannt auf seinen Knien.

„Sie wirken … verändert", bemerkte der Arzt.

„Ich erinnere mich jetzt. Ich erinnere mich wieder an alles." Was für eine Erleichterung, es endlich auszusprechen. Er musste darüber reden, das war ihm jetzt auch klar.

„Wollen Sie es mir erzählen?"

Derek zögerte kurz, doch dann dachte er an sein Erlebnis gestern und auch daran, welche Kraft Peter in seinem Glauben gefunden hatte.

„Ja, ich sah …" Er zögerte. Die Angst wollte ihn wieder erdrücken.

„Sie schaffen das, Gefreiter." Der Arzt hielt inne und fuhr sanft fort: „Was haben Sie gesehen?"

„Wir waren in dieser Wohnung, in der die Aufständischen vermutet wurden. Ich stieg die Treppe zum Dach hoch, Peter kam hinter mir her. Hinter ihm die anderen. Ich erreichte die Luke und trat hinaus auf das Dach. Ich sah …"

„Weiter."

„Ich sah eine Wäscheleine, die über das Dach gespannt war, und weiße Laken hingen daran und flatterten im Wind. Die Sonne fiel darauf, und hinter dem einen Laken war ein Schatten. Dort versteckte sich jemand. Ich legte meine Waffe an."

„Ja?"

„Ich war wie gelähmt, Doc. Ich erinnerte mich an zu Hause. Daran, wie Pam und ich uns immer zwischen den Bettlaken an der Wäscheleine versteckt hatten, und ich konnte nicht schießen. Ich schaffte es einfach nicht. Ich wusste ja nicht …"

„Nein, Sie konnten es nicht wissen."

„Da war jemand – ein Schatten."

„Sie haben einen Schatten gesehen."

„Das Laken flatterte. Es war …"

Das Dunkle in seinem Geist kam näher, doch dieses Mal drehte sich Derek zu ihm um und lief nicht davon.

„Eine Waffe. Und dieser Lärm, Kugeln flogen an meinem Kopf vorbei. Ein Aufständischer, der sich hinter dem Laken versteckt hatte, schoss auf uns. Ich wurde getroffen und fiel hin. Der Mann feuerte weiter. Peter stürzte neben mir zu Boden. Ich sah Blut … so viel Blut …"

„Erzählen Sie weiter."

Licht überflutete Dereks Geist, und er sah jetzt alles ganz klar. „Dann sprang der Kerl vom Dach und floh. Alles war still."

„Was passierte dann?"

„‚Peter, Peter!', rief ich, aber es kam keine Antwort. Da war so viel Blut. Und der Himmel war so blau. Kein Grün. Und dann brach das Chaos um mich herum los, als die anderen uns zu Hilfe kamen."

Derek keuchte. Er hielt die Luft an und rang um Fassung. Doch seine Hände, auf dem Schoß gefaltet, zitterten nicht.

„Ich habe es nicht über mich gebracht zu schießen", sagte er und hob resigniert die Arme. „Ich konnte es einfach nicht."

Das Bild war so vertraut gewesen: die Bettlaken auf der Wäscheleine, und er und Pam und die anderen Kinder, die zwischen der Wäsche Verstecken spielten und Schatten warfen … „Ich konnte doch nicht sicher wissen, dass es ein Feind war, der da hinter den Laken lauerte. Es hätte ja auch eine Frau oder ein Kind sein können."

Derek hielt inne und atmete tief durch. Schließlich sprach er unaufgefordert weiter: „Peter und ich waren verletzt. Als wir dort auf dem Dach lagen, ich mit meinen zerschossenen Knien, zog ich das Blatt hervor."

„Den Psalm?"

„Ja, ich las ihn Peter vor. *Der Herr ist mein Hirte* … Peters Lippen bewegten sich, während ich vorlas. Er kannte den Psalm auswendig."

„Und dann?"

„Als wir zu den grünen Auen kamen … *Er weidet mich auf einer grünen Aue* …"

„Weiter."

„Da ließ er los. Peter ließ einfach los."

Tränen liefen Derek über das Gesicht. Doch es waren gute Tränen, reinigende Tränen, Tränen, die es ihm ermöglichten, seinen Freund nun auch selbst loszulassen. Der Arzt legte ihm eine Hand auf die Schulter und ließ sie dort, während Derek seinen Tränen nachgab.

„Er hat einfach aufgegeben", sagte Derek nach einer ganzen Weile leise.

Die Zeit blieb stehen, während die Gedanken und Worte um sie herum langsam wieder ihren Platz fanden.

„Denken Sie, er kann mir vergeben?", fragte Derek.
„Wer?"
„Peter."
„Was soll er Ihnen denn vergeben?"
„Dass ich nicht geschossen habe."
„Was denken Sie?"
Derek rührte sich nicht, dachte an den friedlichen Ausdruck auf Peters Gesicht, während er ihm den Psalm vorgelesen hatte.
„Ja, ich glaube schon."
Derek seufzte. Die Bedrohung, diese verzehrende Dunkelheit in seinem Geist war verschwunden. Ein breiter Schacht aus Licht fiel durch das kleine Fenster auf die Pritsche. „Ja, ich glaube schon", wiederholte er. Sein Körper entspannte sich.
Eine Zeit lang starrten sie beide auf den Lichtstreifen.
„Haben Sie den Psalm noch?", fragte der Arzt schließlich.
„Nein. Als der Helikopter uns dort herausholte, hat der Luftzug mir den Zettel aus der Hand gerissen. Der Wind trieb ihn wie eine weiße Flagge über die Wüstenebene."
„Was für ein schönes Bild … eine weiße Flagge."
Derek atmete jetzt leichter. „Wie finden Sie die Sache mit dem Psalm?", fragte er. „Kann es sein, dass Jesus ihn mir geschickt hat, genau zum richtigen Zeitpunkt, als ich ihn brauchte, für Peter und für mich?"
„Was glauben Sie denn?"
„Ja, ich glaube, dass er ihn mir geschickt hat – um mich daran zu erinnern, dass er bei mir ist."
„Für mich klingt es auch danach."
„Und um Peter Frieden zu geben. Am Ende."
„Ja."
Derek spürte die Wärme der Sonne, die durch das Fenster drang, und sein Geist war klar.
„Sind Sie jetzt bereit, nach Hause zurückzukehren?"
„Ja, Doc. Ich denke, ich kann jetzt wieder nach Hause und anfangen, mein Leben zu sortieren."

„Nun, man wird Sie in den Staaten operieren, anschließend kommt die Reha. Sie werden also reichlich Zeit haben, sich neu zu sortieren“, meinte Dr. Mitchell.

Dereks Augen füllten sich mit Tränen, als er daran dachte, wie Peters Lippen sich zu den Worten des Psalms bewegt hatten. „Peter ist schon zu Hause“, sagte Derek. „Ich glaube, Peter ist zu Hause.“

Der Arzt verabschiedete sich, und Derek blieb allein zurück. Er dachte an Peter und die schöne Zeit, die sie miteinander gehabt hatten. An das fröhliche Lachen seines Freundes. Wie er immer sein Kreuz geküsst hatte. Wie wichtig ihm die Briefe von seinen Eltern gewesen waren.

Derek stellte sich Peter jetzt an einem grünen Ort vor, wo eine kühle Brise wehte und das hohe Gras sich im Wind wiegte. Und er konnte beinahe sehen, dass Peter vom Himmel aus lächelnd auf ihn herabblickte.

Kapitel 4

Er führt mich zum frischen Wasser.

Der Sandsturm brach ganz plötzlich über sie herein und überraschte sie, als sie auf der Schnellstraße ihrem neuen Leben in der Türkei entgegenfuhren. Dichte Wolken aus trockenem, stechendem Sand wälzten sich über die Wüstenebene und verdunkelten die Sonne, hinderten sie daran, ihren Weg in eine ungewisse Zukunft als Kriegsflüchtlinge fortzusetzen.

Nadia bemerkte den Sturm nicht, der auf ihren kleinen Wagen zurollte. Sie war abgelenkt von ihrer älteren Schwester, die ihr das Stück Papier nicht zeigen wollte, das sie gefunden hatte. Sevin war immer so, nie wollte sie teilen, sondern alles für sich behalten.

Trotzdem versuchte Nadia es immer wieder. „Bitte, Sevin. Gibst du mir ein ganz kleines Stück Papier ab?"

Sevin sah sie nicht einmal an. „Nein!"

„Bitte!"

„Nein."

„Ich brauche auch Papier", meldete sich Nadias kleiner Bruder Aza zu Wort. „Ich will einen Brief schreiben."

„Nein!"

Sie waren müde. Es war unerträglich heiß, und alle waren mittlerweile ziemlich gereizt. Seit Stunden saßen sie nun schon im Wagen, und die Zeit schlich im Schneckentempo dahin. Auf dem Rücksitz war kaum genug Platz für die drei Kinder. Um sie herum war ihr gesamter Besitz verstaut, alles, was in den kleinen Wagen hineingepasst hatte. Vater saß am Steuer und konzentrierte sich auf die vor ihm liegende Straße. Die Mutter auf dem Beifahrersitz entdeckte den Sturm zuerst.

„Ein Sandsturm, ein Habub", rief sie und deutete auf die dunklen Wolken, die auf sie zurollten. Mit gerunzelter Stirn beugte sie sich vor, um sich die Sache genauer anzusehen.

Vater wirkte besorgt, fuhr aber unbeirrt weiter.

Wortlos drehten alle die Fensterscheiben hoch, zogen die Reißverschlüsse aller Taschen zu und wickelten sich ihre Schals als Schutz vor dem Sand, den der Wind vor sich herpeitschte, um Kopf und Mund.

Sevin kümmerte sich um Aza, packte ihn in seinen Schal ein und drückte seinen Kopf in ihren Schoß. Der Sturm raste auf sie zu, gleich würde er da sein.

„Ich habe Angst", sagte sie. „Können wir dem Sturm denn nicht ausweichen?"

Vater starrte die Wand aus Sand an, die sie nun fast erreicht hatte. Er schüttelte den Kopf. Mutter griff nach hinten und zog Azas Schal noch fester, dann drehte sie sich wieder nach vorn und band sich selbst ein Tuch über den Mund.

Die ersten Sandkörner prasselten gegen die Windschutzscheibe. Vater lenkte den Wagen an den Straßenrand. Der Motor erstarb, und in der Stille klang das Heulen des Windes und das Prasseln der Sandkörner gegen die Autoscheiben unendlich laut. Vater atmete noch einmal tief ein, bevor er ebenfalls seinen Mund bedeckte. Er rührte sich nicht; sein Kopf lehnte an der Kopfstütze. Die Windböen rissen an dem kleinen Wagen, sodass er hierhin und dorthin schwankte. Sie konnten nichts anderes tun als zu warten.

Draußen versank die Welt in einem Meer von schmutzigem Braun. Das Heulen des Windes steigerte sich zu einem ohrenbetäubenden Gebrüll. Staub und Sand drangen durch unsichtbare Ritze in den kleinen Honda ein, und Nadia schloss die Augen vor dem Nichts. Ihr Mund war ausgedörrt, und sie hätte so gern einen Schluck Wasser getrunken, doch ihr Wasservorrat war sowieso schon viel zu gering, darum fragte sie gar nicht erst.

Wasser war immer ein Problem. In ihrem Heimatdorf hatte es anfangs nur jeden zweiten Tag Wasser gegeben. Mutter füllte an diesen Tagen dann immer alle Eimer und Gefäße, die sie besaßen, und mit dieser Wasserration mussten sie auskommen. Doch dann kam gar kein Wasser mehr aus den Leitungen. Wasser gab es nur noch am Brunnen, und die Warteschlange war lang. Manchmal musste Vater die ganze Nacht warten oder noch länger.

Der Krieg hatte ihnen das Wasser genommen, aber vor allem Sicherheit und Frieden. Und jetzt flüchteten sie sogar aus ihrem Heimatland.

Das Wüten des Sturms steigerte sich noch, und kleine Steine prasselten jetzt gegen den Wagen. Zusammen mit dem Sand und den Steinen wurde ein Blatt Papier gegen die Windschutzscheibe gedrückt. Der Wind hielt es dort fest.

Papier, dachte Nadia. *Ein Stück Papier für mich!*

Sie starrte es an und erklärte es im Stillen zu ihrem Eigentum. Zwischen zwei Windstößen schwebte es plötzlich zu Boden und war nicht mehr zu sehen. Nadia drückte ihr Gesicht an die Scheibe, blickte nach links und nach rechts und suchte das weiße Blatt. Sie verrenkte sich beinahe den Hals, aber in dem Meer von Braun war das sinnlos. Schließlich gab sie auf, kauerte sich wie die anderen Familienmitglieder zusammen und wartete ungeduldig auf das Ende des Sandsturms.

Klatsch! Das Blatt Papier klebte erneut an der Scheibe, dieses Mal am Rückfenster. Der wirbelnde Wind hatte es zurückgebracht.

„Papier", sagte sie, und ihre Stimme ging im Gebrüll des Windes unter.

Langsam schob der Wind das Papier über die Scheibe zum Rand. Das Blatt schien sich dort einen Moment festzuklammern, wie von einem Faden gehalten. Und dann, husch, war es wieder fort.

Ich war so nah dran. Sie wartete, ob es noch mal zurückkam, aber in dem wirbelnden Sand konnte sie es nicht mehr entdecken.

Am Tag vor ihrer Abreise war Nadia mit ihrem Vater auf dem Vogelmarkt gewesen, um Besorgungen zu machen. Die Geräuschkulisse allein war schon unglaublich: Die Schreie, das Krächzen, das Kreischen, Zirpen und Trillern der verschiedenen Vögel. Tausende und Abertausende Vögel – Käfige über Käfige, vom Boden bis zur Decke gestapelt. In einem Käfig allein hockten Hunderte Zaunkönige, ein wildes Durcheinander von schlagenden Flügeln und hektischen Bewegungen. Zwei Truthähne saßen in einem Holzkäfig, hüpften darin von einer Seite zur anderen. Eulen, bunte Papageien, graue Nymphensittiche und so viele andere – alle in Käfigen gefangen.

Nadia konnte mit den Vögeln mitfühlen. Als ältestes Kind durfte Sevin zur Schule gehen, sogar Englisch lernen und auch nach dem Unterricht im Salon arbeiten. Aza war der Jüngste und der lang ersehnte Sohn. Die ganze Welt schien sich nur um ihn zu drehen. Und sie, Nadia, war das mittlere Kind, das niemand wahrnahm und das gefangen war wie die Vögel – im Käfig eingesperrt, ruhelos, wartend.

Sie fühlte sich genau wie die beiden Truthähne, die in ihrem engen Käfig hier und dort an die Gitter stießen. In ihrem Leben fehlte etwas, und sie war ungeduldig auf der Suche danach. Sie konnte gar nicht benennen, was fehlte, aber was immer es war, sie musste es ganz allein finden, das war ihr klar. Und jetzt saß sie schon wieder fest, auf viel zu engem Raum, und konnte nicht heraus. Sie wartete ungeduldig darauf, dass sie endlich aussteigen und nach ihrem Papier suchen konnte. Irgendwie hatte sie das Gefühl, dass es für sie bestimmt war. Aber sicher war es mittlerweile schon lange fortgeweht. Trotzdem, sobald der Sturm vorbei war, würde sie danach suchen.

Als der Sturm endlich weitergezogen war, stiegen sie aus, um den Wagen nach Schäden zu untersuchen und vom Sand zu befreien. Aza tauchte aus seinem Schal auf. Seine Wimpern und Brauen waren mit einer dünnen Sandschicht überzogen. Auch in Vaters Bart hing das feine Pulver.

Nadia sprang aus dem Wagen, warf ihren Schal ab und klopfte ihre Kleider aus. In aller Eile schlüpfte sie aus ihren Plastikschuhen und rannte um den Wagen herum. Und wirklich, da entdeckte sie das Papier; es hatte sich halb unter dem Reifen verfangen. Sie hob es auf, schüttelte es aus und strich es auf ihrem Arm glatt. Es stand etwas in einer fremden Sprache drauf, vielleicht Englisch. Bestimmt kam es von den Soldaten.

Sie sah zu, wie ihr Vater Wasser in den Kühler goss. Dass er das kostbare Wasser in den Motor füllte, daran durfte sie gar nicht denken. Ihr Mund war ganz trocken. Sehr aufmerksam betrachtete sie das Papier. Wie sehr sie sich wünschte, sie könnte lesen, was darauf stand. Es war schönes Papier, weiß und dick, nicht wie das dünne braune Papier, das Sevin in der Schule benutzte. Die Worte waren mit sicherer Handschrift in blauer Tinte geschrieben. Vielleicht von einer Frau … einer selbstbewussten Frau.

„Sevin." Nadia zupfte ihre Schwester am Ärmel. „Ich glaube, das, was auf meinem Papier steht, ist Englisch. Würdest du es mir vorlesen?"

Ihre Schwester war damit beschäftigt, ihre Kleider auszuklopfen und ihren Schal zu richten. Sie wischte sich den Staub aus dem Gesicht und schüttelte ihre Haare aus. „Nein!"

„Bitte."

„Nein."

„Nun lies es ihr schon vor", befahl ihre Mutter Sevin. Sie beugte sich über die Motorhaube und sah zu, wie Vater den Kühler auffüllte. Dann tupfte sie sich die Schweißtropfen vom Gesicht und ordnete die Taschen neu, befreite sie vom Sand und quetschte sie in den Wagen zurück. Jeder Zentimeter des kleinen Autos war ausgefüllt.

Sevin nahm das Blatt Papier und sah es sich an. Sie schüttelte es aus und hielt es in die Höhe und studierte die Wörter, als würde es ihr unsäglich schwerfallen, sie zu entziffern. Schließlich ließ sie es sinken. „Es geht um Gott, glaube ich", sagte sie. „Den Gott der Christen."

„Wie bitte?", fragte Vater, der vom Motor aufschaute. „Wie kommst du denn darauf?"

„Handelt es von Krieg?", fragte Aza. Er tanzte um Sevin herum. „Darum, dass der Christengott die Feinde vernichtet?"

„Nein."

Nadia hielt den Atem an und schwieg. Wenn sie sich anmerken ließ, wie sehr sie sich wünschte zu erfahren, was auf dem Papier stand, würde Sevin es ihr bestimmt nicht übersetzen.

Sevin runzelte die Stirn, während sie sich in den Text vertiefte. „Da steht, dass er ein ..."

„Was?"

„Still", forderte sie. „Ich muss mich konzentrieren."

Ohne sich zu rühren und mit angehaltenem Atem ließ Nadia Sevin nicht mehr aus den Augen. Nadia wusste selbst nicht, warum, aber aus irgendeinem Grund wollte sie unbedingt erfahren, was diese selbstbewusste Frau auf das Papier geschrieben hatte.

Sevin räusperte sich. „Da steht, er ist ein Hirte." Sie drückte

Nadia das Papier wieder in die Hand und rief: „Das ist ja toll – ein Hirte! Was für ein Gott soll das denn sein?"

„Ja", meinte Mutter. „Kannst du dir so etwas vorstellen? Ein Gott, der bloß wie ein niedriger Hirte ist."

Alle lachten.

„Hat er denn keine Waffen?", fragte Aza und trat nach den kleinen Steinen neben dem Wagen.

„Nein", erwiderte Sevin. „Nur Schafe."

„Dreckige, stinkende Schafe", fügte Vater hinzu.

Und wieder brachen alle in Gelächter aus, als sie in den Wagen stiegen. Die Kinder kletterten über die Bündel und Taschen und suchten sich einen Platz. Vater ließ den Motor an, und der Auspuff stieß feine Staubwolken aus, als der Wagen sich in Bewegung setzte.

„Ein Gott, der ein Hirte ist", sagte Nadia und versuchte sich das vorzustellen. Für sie war der Gedanke gar nicht so abwegig, sondern spannend und irgendwie anziehend. Sie lehnte sich zurück und dachte nach.

Zu Hause hatten sie nur zu oft erlebt, wie ihnen die Kugeln um die Ohren flogen, und sie hatte sich gefragt, wie es wohl war zu sterben. War sie in ihrem Leben gut genug gewesen? Würde Allah sie bestrafen? Er war sehr streng. Ihr Vater und ihre Mutter hatten auch Angst vor Allah, das wusste sie.

Aber ein Gott, der wie ein Hirte war? Sie wusste, was Hirten taten. Sie kümmerten sich um ihre Schafe, auch wenn sie stanken oder krank waren, und sie passten auf, dass keine Raubtiere oder Diebe sie überfallen konnten. Die Schafe hatten keine Angst vor dem Hirten. Sie mochten ihn und fühlten sich bei ihm sicher. Auch Nadia würde sich gern sicher und geliebt fühlen.

Nadia dachte über das nach, was in den letzten Wochen geschehen war. So lange sie denken konnte, lebten sie in Angst vor feindlichen Angriffen. Sie hatte Freunde und Verwandte auf der Straße sterben sehen. Und da war niemand, der sie beschützen konnte. Jederzeit konnte man ihnen alles wegnehmen, sie ausrauben oder umbringen. Liebe und Sicherheit gab es in ihrem Leben nur tröpfchenweise, wie das Wasser aus dem Wasserhahn. Wie wäre es wohl, wenn ein Hirten-Gott über ihr wachen würde – ein Beschützer, der sie liebte und sich um sie kümmerte? Wie ein Leben voller Liebe und Sicherheit, ein Leben ohne Furcht wohl wäre? Dem Leben, das sie jetzt hinter sich ließen, trauerte Nadia nicht nach, auch wenn sie ein wenig Heimweh verspürte. Aber das, was vor ihr lag … ob es vielleicht wirklich viel besser sein würde?

Aza lehnte sich an sie und berührte den Zettel. „Kann ich das haben? Ich muss Jwan einen Brief schicken." Schon jetzt vermisste er seinen besten Freund Jwan von zu Hause.

Nervös wanderte Nadias Blick zum Beifahrersitz. Sie wartete eigentlich nur darauf, dass ihre Mutter sie aufforderte, Aza das Blatt Papier zu geben. Doch ihre Mutter schnarchte leise, und Nadia atmete erleichtert auf.

„Du kannst doch jetzt noch gar keinen Brief schicken", erklärte Nadia. „Wir müssen warten, bis wir in Adana angekommen sind."

Mit dieser Antwort gab er sich vorerst zufrieden.

Sie starrte die geschwungene Schrift auf ihrem Blatt Papier an. Gern hätte sie die Worte noch einmal gehört, doch ihre Schwester hatte den Kopf zurückgelehnt und die Augen geschlossen.

Nadia strich mit dem Finger über die Worte. Und plötzlich sah sie ein Wort, das sie kannte: *Wasser!*

Sie lächelte. Auf dem Papier stand *Wasser.* Sie kannte das Wort von den Wasserflaschen, die die Soldaten ihnen geschenkt hatten. Auf dem Papier ging es also um den Hirten-Gott und um Wasser.

„Sevin." Sie zupfte ihre Schwester am Ärmel.

Sevin ließ die Augen geschlossen, zog aber einen Schmollmund.

„Nur noch eine Zeile, ja?" Sie drückte ihrer Schwester den Zettel in die Hand. „Bitte lies mir vor, was da über Wasser steht."

Nadias Mund war total ausgedörrt, als sie Sevin das Blatt reichte. Sie hatte schrecklichen Durst. Seufzend las Sevin die Zeile.

„*Er führt mich zum frischen Wasser*", las sie und reichte Nadia das Papier zurück. „Das reicht jetzt aber."

Nadia lehnte den Kopf ans Fenster. Das waren wunderschöne Worte. *Er führt mich zum frischen Wasser.* Es ging um den Hirten-Gott, der seine Schafe zum Wasser führt. Könnte dieser Gott auch ihre Familie zum Wasser führen? Ihr gefiel der Gedanke an einen Gott, der für sie sorgte, wie ein Hirte für seine Schafe sorgte.

In der Ferne zog eine Kamelkarawane vorbei. Die Kameltreiber waren auch gute Hirten. Sie wussten immer, wo die nächste Wasserquelle für ihre Tiere war. Ohne Wasser würden sie sterben.

Hirte-Gott, sagte sie still für sich, *wenn du mein Hirte bist, dann führ mich bitte auch zu diesem frischen Wasser.*

Und auf einmal erfüllte Nadia, eingezwängt auf dem Rücksitz, ein unerklärlicher Frieden. Sie schloss die Augen, und zum ersten Mal seit Tagen schlief sie einfach ein. Sie träumte von Schafen, die von ihrem Hirten geliebt wurden. Die Schafe brauchten sich nicht anzustrengen und keine Angst zu haben. Sie mussten auch nicht aufpassen, dass sie immer sauber blieben. Der Hirte liebte sie so, wie sie waren, und sorgte für sie.

In ihrem Traum kam eines der Schafe immer näher. Sie wollte so gern sein Gesicht sehen, doch das gelang ihr nicht. Das Schaf schlich mit abgewandtem Kopf um den Hirten herum.

Doch dann drehte sich das Schaf ganz unvermittelt um, und sie erkannte sich selbst.

Als Nadia erwachte, ließ der Gedanke an den Hirten-Gott sie nicht los, der nichts von ihr verlangte, außer dass sie sich zu seiner Herde hielt und in seiner Nähe blieb.

Bei Einbruch der Dämmerung erreichten sie die Grenze. Sevin und Aza schliefen tief und fest, als sie sich in die lange Schlange vor dem Grenzübergang einreihten. Nach endloser Zeit waren sie endlich an der Reihe. Die Männer am Grenzposten warfen nur einen kurzen Blick auf Vaters Papiere und winkten sie dann durch in ihr neues Leben.

Es war, als würden sie alles Schlimme einfach hinter sich lassen, als würden alle Schrecken des Krieges von ihnen abfallen, und auch der Durst und die Angst. Nadia drückte den Zettel an sich, während sie durch die Nacht rollten. Die Reifen summten jetzt beinahe fröhlich. Die Enge auf dem Rücksitz war nicht mehr unbequem, sondern tröstlich.

Die Morgendämmerung brach an. Und endlich sahen sie es vor sich. Das Meer! Direkt vor ihnen. Weiße Schaumkronen tanzten auf den Wellen. Das Wasser war so blau und sauber. Und vor allem – und das war das Beste –, es gab unendlich viel davon. Noch nie in ihrem Leben hatte sie so viel Wasser gesehen. Es war mehr, als sie sich je hätte vorstellen können.

Aza hüpfte auf seinem Platz auf und ab. „Seht mal da, ein Schiff!“, schrie er.

Ein großes grünes Segelschiff lag vor der Küste vor Anker. Ein kleines Beiboot steuerte auf die Küste zu.

Vater hielt am Straßenrand an. Die Kinder stiegen aus und rannten zum Wasser. Mutter lachte. Nadia hatte sie seit Jahren nicht mehr lachen gehört. Überwältigt vor Freude genossen sie die Kühle des Wassers und die beruhigende Wirkung, die das Blau der Wellen und ihr Plätschern am Strand hatten. Wie der Atem eines riesigen Wesens … Vielleicht war das Gott? Konnte es sein, dass Gott genau so war wie das Meer – so groß und herrlich und viel mehr, als ein Mensch sich vorstellen konnte?

Sie tobten und planschten und lachten und setzten sich schließlich auf die Felsen. Vater holte den Korb mit dem Essen aus dem Auto, und Nadia zog erneut ihren Zettel hervor.

„Vater, es ist wahr“, sagte sie.

„Was ist wahr?“

„Auf dem Zettel heißt es: *Er führt mich zum frischen Wasser*, und sieh nur, da sind wir.“

„Hä?“, fragte er. Er hatte ihr gar nicht richtig zugehört, wie meistens.

Nadia lehnte sich zurück und erklärte: „Ich glaube, dass Gott groß ist, so groß wie das Meer. Und er sorgt für uns alle, wie ein Hirte, auch für mich.“

Sie tranken frisches Wasser aus einem öffentlichen Brunnen in der Nähe der Picknickbänke. Und es war mehr als genug für alle da.

Nadia legte das Blatt Papier neben sich und schloss die Augen. Die Sonne schien warm auf ihr Gesicht. Aza spielte im Sand, und die Familie döste ein, während die laue Brise über sie hinwegstrich.

Plötzlich kam Aza angerannt. „Nadia, ich habe ihn abgeschickt!“, rief er.

„Was denn?“

„Ich habe Jwan einen Brief geschickt.“

„Was für einen Brief?“

„Den, der im Habub zu uns gekommen ist.“

Nadia starrte auf den leeren Sand neben sich. Ihr Zettel war weg. Anscheinend hatte Aza ihn genommen.

„Wem hast du den Brief gegeben?“

„Dem Mann auf dem Boot, dem großen Schiff.“

Draußen auf dem Meer sahen sie das grüne Segelschiff, das sich langsam entfernte, das kleine Beiboot im Schlepptau.

Eigentlich hätte Nadia böse sein sollen, doch sie empfand keinerlei Zorn. Das Papier war in ihr Leben geweht, und es hatte ihr von Gott erzählt, und sie wusste, dass es die Wahrheit war. Der Gott, mit dem der Zettel sie bekannt gemacht hatte, war der richtige Gott. Er war ein Hirte, der seine Schafe liebte, für sie sorgte und ihnen Wasser zu trinken gab. Sie wollte mehr über diesen Gott erfahren. Sie würde einfach jeden nach ihm fragen, bis sie jemanden fand, der ihr mehr über ihn erzählte. Sie war immer noch durstig, doch auf eine andere Weise.

„Aza“, sagte sie, „sieh nur, die Vögel.“

Über ihnen zogen die Möwen ihre Kreise. Im Gegensatz zu den gefangenen Vögeln in den Käfigen auf dem Markt in der Stadt waren diese Vögel frei, sie flogen unbeschwert über den blauen Himmel, hoch über dem frischen Wasser.

Nadias Herz quoll über vor Freude, und sie fühlte sich so frei wie ein Vogel.

Kapitel 5

Er erquickt meine Seele.

Vorsichtig schälte François das alte Gemälde aus dem Papier. Die Frau, die es ihm gebracht hatte, schaute ungeduldig zu.

„Das habe ich auf dem Speicher meines Vaters gefunden", erklärte sie. „Bestimmt hat es schon fast ein ganzes Jahrhundert dort gelegen."

„Aha."

François drehte das Gemälde um. Er arbeitete schon lange als Restaurator und wusste, dass er sich zuerst die Rückseite ansehen musste. Die Rückseite erzählte ihm viel mehr als das Bild selbst.

Das Gemälde war auf Leinwand gemalt, die inzwischen sehr brüchig geworden war, und ein mittelgroßer Riss zog sich über die obere Hälfte. Vorsichtig strich er über die Innenkante – nicht schlecht dafür, dass es vermutlich schon mehr als 100 Jahre alt war. Da musste er sehr vorsichtig zu Werke gehen.

Er drehte das Bild wieder um.

„Der Kamin war undicht", erklärte die Frau entschuldigend. „Das Gemälde ist … etwas verschmutzt."

Das war eine maßlose Untertreibung. In den 40 Jahren, die er als Restaurator arbeitete, hatte er wirklich schon einiges gesehen, aber ein so schlimm zugerichtetes Bild hatte François noch nie zu Gesicht bekommen. Es war so mit Staub, Asche und Taubendreck verklebt, dass nichts mehr von dem ursprünglichen Gemälde zu sehen war. Was mochte er sonst noch auf der Leinwand finden?

Doch nun ja, François war unerschütterlicher Optimist. Ein Kollege von ihm hatte einmal ein italienisches Gemälde restauriert, das den verlorenen Sohn zeigte. Und während der Arbeit entdeckte er dann, dass der Sohn in einem Boot nach Hause kam. Das Boot war von der jahrhundertealten Schmutzschicht auf der Leinwand vollkommen überdeckt gewesen.

„Ich weiß gar nicht, ob ich es überhaupt restaurieren lassen sollte", meinte die Frau zögernd.

Diese Frage stellten sich fast alle Menschen, die seine Werkstatt betraten. War das Gemälde so wertvoll, dass sich eine Restaurierung lohnte? War es das Geld, die Zeit und den Aufwand wert? François stellte sich dieselbe Frage, vor allem, wenn man den Zustand des Bildes bedachte.

„Ich könnte es zuerst einmal reinigen", bot er an. „Dann können Sie vielleicht besser entscheiden, ob ich weitermachen soll."

„Und was kostet die Reinigung?"

„Ungefähr dreihundert Euro."

Die Frau starrte das Gemälde an. „Ich weiß nicht. Es gehörte meinem Großvater. Vielleicht hat er es sogar selbst gemalt …" Sie hielt inne.

An diesem Punkt geriet François normalerweise ins Wanken und senkte den Preis, doch seine Frau hatte ihm immer Mut gemacht, fest zu bleiben. „Du hast deinen Preis, und die Kunden wissen deine Arbeit entweder zu schätzen, oder sie tun es nicht", hatte sie gesagt. Seine Frau war inzwischen tot, und er war mehr denn je entschlossen, ihren Rat zu beherzigen.

Die Frau seufzte. „Also gut. Dann fangen Sie an." Sie nahm ihre Geldbörse zur Hand und gab ihm eine Anzahlung.

Nachdem die Frau gegangen war, kehrte François an seinen Computer zurück. Sein Bildschirmschoner, William Dyces Gemälde *Der gute Hirte*, tanzte über den Monitor. Er drückte die Leertaste, und das Kunstwerk in seiner ganzen Pracht füllte den Bildschirm.

Seit sechs Monaten und zwei Tagen war dieses Gemälde nun sein Bildschirmschoner. Er kannte das genaue Datum, denn dies war der Tag, an dem seine Frau Annette gestorben war. Ein Druck von diesem Gemälde hatte an der Wand des Zimmers gehangen, in dem sie immer ihre Chemotherapie bekommen hatte. Es hatte sie auf besondere Weise angesprochen.

„Sieh nur, *Chérie*", hatte Annette zu ihm gesagt, „wie sanft der Hirte das Lamm im Arm hält." Ihre Augen hingen an dem Gemälde, als würde sie durch ein Fenster sehen. „Vielleicht wird er mich auch so im Arm halten, wenn … wenn ich gehe."

„Oh nein", hatte François protestiert. „Du wirst nicht gehen. Du wirst schön hier bei mir bleiben."

Während der vergangenen sechs Monate und zwei Tage hatte sich François das Gemälde oft angesehen. Immer wieder hatte er die Schafe in den verschiedenen Schattierungen von Beige und Braun und den vielen Weißtönen studiert. Er bewunderte das weiche Ocker und Orange des Hirtengewandes mit diesem Spritzer Blau darin. Die Farben waren einfach genau richtig. Wie gern hätte er sich das Original einmal angeschaut, doch es hing in der Manchester Art Gallery, und er lebte in Paris. Für den Augenblick müsste ihm der Computer genügen. Außerdem konnte er sich beim besten Willen nicht vorstellen, ohne Annette das Kunstmuseum zu besuchen und das Bild anzusehen.

Die Türglocke bimmelte. Schon wieder ein Kunde? Zwei an einem Tag – das war viel für seine Verhältnisse. François eilte nach vorn. Kunden bedeuteten Gesellschaft, und daran fehlte es ihm. Die Frau vorhin war die erste Besucherin seit zwei Wochen gewesen.

„François, mein Freund. Ich bin gekommen, um dein neuestes Projekt zu bewundern, was immer es sein mag." Es war Gérard, mit dem er schon sein halbes Leben lang befreundet war.

„Ah, der Weltreisende ist zurückgekehrt!“ An diesem Tag hatte François bereits mehr Worte gesprochen als in den vergangenen zwei Wochen zusammen, fiel ihm auf.

Seit Annettes Tod hatte es viele Tage gegeben, an denen er mit keinem Menschen gesprochen hatte. Es war ein bisschen so, als würde er sich Schritt für Schritt aus dem Leben zurückziehen, immer ein bisschen weiter; seine Seele wurde immer weniger, wie ein abnehmender Mond.

„Gérard, mein Freund. Komm, setz dich. Du musst mir alles von deiner halben Weltumseglung erzählen. Darf ich dir einen Kaffee anbieten?“

„Ja, und bitte spare nicht am Kaffeepulver. Ich brauche Stärkung.“

François schenkte eine Tasse Kaffee ein und fügte einen Hauch Sahne dazu, wie Gérard es mochte. „Mein Freund, wozu brauchst du Kraft?“

„Ich muss heute ein Ticket für den Eurotunnel buchen.“ Er holte seine Brieftasche hervor und zählte sein Geld.

„Den Eurotunnel? Du, Gérard Chantier, willst durch den Eurotunnel fahren?“

„Ja, die ganzen fünfzig Kilometer. Ich werde hundertfünfzig Meter unter der Wasseroberfläche sein“, meinte er erschaudernd. „Davor graust mir wirklich. Du kennst mich doch; ich bin lieber *auf* der Wasseroberfläche!“

„Warum nimmst du nicht die Fähre?“

„Zu langsam. Außerdem bin ich lieber selbst der Kapitän!“, sagte Gérard und zwinkerte ihm zu.

Beide lachten.

„Du fährst also nach London“, meinte François und versuchte, sich seine Enttäuschung nicht anmerken zu lassen. Wenn Gérard unterwegs war, würde François vermutlich wieder über Tage oder Wochen keine Menschenseele zu Gesicht bekommen – abgesehen von einem Kunden dann und wann. In letzter Zeit hatte sich François häufig gefragt, wie lange es wohl dauern würde, bis man ihn in seiner Wohnung auffand, falls er überraschend sterben sollte.

„Ja, ich fahre nach London. Und ich hoffe, dass du dieses Mal auch während meiner Abwesenheit gelegentlich ins Café gehst. Die Jungs haben mir erzählt, dass du in den vergangenen Wochen nicht ein einziges Mal dort warst. Alle haben dich vermisst, weißt du."

„Ich war … beschäftigt", log François. Ihm hatte einfach nicht der Sinn nach der Gesellschaft seiner Freunde gestanden. Noch immer fühlte er sich innerlich leer, wie ein hohles Stück Schokolade, das von außen verlockend aussah, dem jedoch der alles entscheidende Kern fehlte. Es war einfach nichts mehr in ihm.

„Ah, beinahe hätte ich es vergessen." Gérard holte ein gefaltetes Blatt aus seiner Brieftasche. „Hier. Ein kleiner Junge hat mir das gegeben, als wir in der Türkei an Land gegangen sind."

François nahm das Blatt entgegen, sein Gesicht ein einziges Fragezeichen.

„Als ich es gelesen habe, musste ich an dich und dieses Gemälde denken, das du so liebst." Gérard deutete auf das Bild *Der gute Hirte*, das wieder über François' Bildschirm wanderte.

François steckte den Zettel in die Tasche seines Kittels, ohne weiter nachzufragen. Er behielt für sich, dass er gar nicht so sehr das Gemälde selbst liebte, sondern die Tatsache, dass es ihn an seine Annette erinnerte. Als sie schließlich auf die Hospizstation des Krankenhauses verlegt worden war, waren die Schwestern so freundlich gewesen, das Bild in ihr Zimmer zu bringen und auf den Tisch vor ihrem Bett zu stellen. François hatte Tag für Tag an ihrer Seite gesessen und um ein Wunder gebetet.

„Sieh nur, Chérie", hatte sie eines Tages gesagt, „wie liebevoll Jesus das Lamm durch das Tor trägt. Es muss gar nichts selbst dazutun, er trägt es einfach. Wirst du mich loslassen? Darf ich mich von ihm durch das Tor tragen lassen?"

„Nein", hatte François gefleht. „Bitte, verlass mich nicht. Dir wird es bald wieder besser gehen. Und dann fahren wir zusammen nach England und bewundern dieses Bild gemeinsam." Doch es hatte nicht sein sollen …

Gérards Worte durchbrachen seine Gedankengänge. „Du könntest dir das Bild einmal im Original ansehen, weißt du – wenn du mich nach London begleiten würdest."

„Oh nein." François hob protestierend die Hände. „Ganz bestimmt werde ich nicht in dieses Teufelsding steigen und unter dem Meer hindurchfahren."

„Na gut", erwiderte Gérard, der ihn viel zu gut kannte, um nachzubohren. „Wir reden ein anderes Mal darüber."

„Ach, übrigens", lenkte François ab. „Heute ist ein neues Gemälde hereingekommen, das ich restaurieren soll. Das heißt, zunächst werde ich es einmal säubern, um zu sehen, ob sich eine Restaurierung lohnt."

„Darf ich es sehen?"

„Aber ja, natürlich. Ich muss dich allerdings warnen, es sieht wirklich schlimm aus."

Die Männer begaben sich zum Restaurationsbereich im hinteren Teil der Werkstatt. Auf dem langen alten Holztisch in dem großen Raum standen unzählige Flaschen mit den unterschiedlichsten Tinkturen: Azeton, Alkohol, Leinöl, Terpentin, Lackbenzin und mehrere Schalen mit Wattetupfern.

Das verschmutzte Gemälde, das die Dame vorhin gebracht hatte, lag auf dem Tisch. Gérard beugte sich neugierig darüber und zog die Augenbrauen hoch. „Wo kommt das denn her, aus der Kohlengrube?"

François lachte. „Nein, es ist ein Dachbodenfund. Eine Dame hat es auf dem Speicher ihres Großvaters entdeckt."

„Also, das ist interessant! Was verbirgt sich wohl unter all dem Schmutz?", fragte Gérard.

„Ja, das ist die große Frage“, erwiderte François. „Und vor allem, wer war der Künstler?“

Mit fast kindlicher Aufregung rang Gérard die Hände. „Oh là là! Vielleicht wird dies eine große Entdeckung. Der Durchbruch für dich. Ein berühmter Maler – natürlich ein französischer –, irgendwo auf einem Dachboden jahrelang unerkannt vor sich hinverstaubt, und nun durch den unnachahmlichen Restaurator François der Kunstwelt wieder zugänglich gemacht …“

„Ja, natürlich.“ François lächelte nachsichtig.

Er nahm eine weiche Bürste und begann, das Gemälde ganz vorsichtig abzubürsten. Als er die oberste, lose Schmutzschicht abgetragen hatte, tauchte er einen Wattebausch in das Reinigungsgel. Sanft betupfte er zunächst den äußersten Rand des Gemäldes. Der Wattebausch wurde innerhalb kürzester Zeit ganz schwarz.

Gérard beobachtete ihn interessiert. Er sprach kein Wort, aber atmete schwer vor gespannter Erwartung. François wiederholte die Prozedur mehrmals, wobei er äußerst behutsam vorgehen musste, denn wenn er den Wattebausch zu fest aufdrückte oder seitlich bewegte, bestand die Gefahr, die oberste Farbschicht zu beschädigen. Ganz allmählich kam ein Stück Grün zum Vorschein.

„Vielleicht eine ländliche Szene“, meinte François. Er sah genauer hin. Die Farben waren auffällig dick und flach aufgetragen, eine Technik, die ihm vage vertraut erschien. Den Stil kannte er, aber er konnte ihn gerade nicht einordnen …

„Das verspricht interessant zu werden! Ich komme morgen wieder, um deine Fortschritte zu bewundern“, erklärte Gérard. „Jetzt muss ich los, um meine Fahrkarte für den Eurotunnel zu besorgen.“

Nachdem Gérard gegangen war, wandte François sich wieder dem Bild zu. Wo war denn nur der kleine Korrekturpinsel? Er suchte den Tisch ab, dann betastete er seine Kitteltaschen. Was war das? Er zog den Zettel heraus, den Gérard aus der Türkei mitgebracht hatte. Sein Englisch war ziemlich gut, darum hatte er keine Mühe, die geschwungenen Zeilen zu entziffern.

Psalm 23: Das Lied des Hirten.

Sein Blick wanderte zu dem Bild auf seinem Bildschirm, und die Erinnerungen stürmten auf ihn ein.

Am letzten Tag hatte die Schwester ihn im Flur abgefangen. „Sie müssen sie loslassen", hatte sie ihm freundlich ins Gewissen geredet. „Sie leidet schrecklich. Nur wegen Ihnen hält sie noch durch. Bitte, Sie müssen ihr erlauben, dass sie gehen darf."

Alles in François sträubte sich dagegen, aber die Schwester hatte natürlich recht; er konnte jeden Tag sehen, wie ihre Schmerzen schlimmer wurden. Um Annettes willen musste er sie loslassen.

Als er ins Zimmer zurückkehrte, lächelte Annette schwach. Er setzte sich neben sie und nahm ihre Hand. Zum letzten Mal … Gemeinsam betrachteten sie das Bild.

„Sieh nur", sagte François unter Tränen. „Der Hirte freut sich so darauf, sein Schaf in seinen Armen durch das Tor zu tragen."

Annette nickte und blickte ihn voller Liebe an. „Darf … ich … gehen?" Jedes Wort kostete sie große Mühe.

„Geh, mein Liebling. Geh mit Jesus durch dieses Tor."

All die ungeweinten Tränen der vergangenen sechs Monate brachen sich Bahn, als François den Zettel umklammerte. Tränen um Annette und die Jahre, die sie nicht mehr zusammen erleben würden, aber auch Tränen um sich selbst und die Liebe, die er an jenem Tag verloren hatte.

Er faltete das Blatt ganz auf und las: *Der Herr ist mein Hirte, mir wird nichts mangeln …* bis er zu einem Satz kam, der ihn innehalten ließ.

Er erquickt meine Seele.

Das ist genau das, was ich brauche, dachte François. *Meine Seele braucht Erquickung.*

In den letzten Monaten hatte er das Gefühl gehabt, dass seine Seele mit Annette gestorben war, aber vielleicht stimmte das ja gar nicht. Wer wusste solche Dinge schon so genau. Aber eines war sicher: Vor Annettes Krebserkrankung war das Leben heller gewesen, klarer. Die Musik hatte schöner geklungen, die Farben hatten mehr geleuchtet. Jetzt erschien ihm alles eintönig, dunkel und öde, so wie das verrußte Bild auf seinem Tisch.

Sein Blick wanderte zu dem verschmutzten Gemälde. Diese kleine Stelle, die er bereits gereinigt hatte, stach jetzt klar und farbenfroh hervor. Vielleicht hatten sich auch auf seine Seele nur Staub und Ruß gelegt – der Ruß der Trauer. Ruß war ölig und legte sich als hässlicher, undurchdringlicher Film auf Oberflächen, aber er drang nicht in sie ein und ließ sich meist mit etwas Arbeit gut entfernen.

François rieb sich das Kinn. „Aber wie um alles in der Welt willst du meine Seele erneuern und erquicken?“ Er stellte sich vor, wie eine große Hand den Ruß von seiner Seele tupfte und wie schon ein kleiner Farbfleck zum Vorschein kam. *Oh, wenn es nur so leicht wäre*, dachte er. *Außerdem bin ich ein alter Mann. Wer hat denn Interesse daran, die Seele eines alten Mannes zu restaurieren? Was hat meine Seele denn schon für einen Wert? Und für wen?*

François legte das Blatt zur Seite und nahm erneut seinen Wattebausch zur Hand. Die Arbeit, das Bild von seiner Schmutzschicht zu befreien, schien ihm jetzt genau das Richtige zu sein, und noch wichtiger: Es war etwas, was er bewältigen konnte.

Sechs Stunden lang arbeitete er in höchster Konzentration, unterbrochen nur von kleinen Pausen. Je länger er an dem Bild arbeitete, desto deutlicher wurde, dass es ein Kunstwerk von hoher Qualität war. Gewiss, wie jeder Restaurator hatte auch er schon davon geträumt, einmal einen Picasso, Matisse oder Renoir in die Hände zu bekommen. Oder einen Cézanne. Aber natürlich war das nur ein Traum, ganz bestimmt keine reale Möglichkeit.

Den ganzen Tag ließ ihn der Gedanke an das Gemälde *Der gute Hirte* von Dyce nicht los. Annette hatte unerschütterlich an ihren Jesus geglaubt, der sie so liebte wie das kleine Lamm auf dem Bild, das er so behutsam auf den Armen trug. Ein Hirte sorgte dafür, dass seine Schafe alles bekamen, was sie brauchten – Wasser, Nahrung, Sicherheit, Zuwendung. Ja, das waren alles gute, wichtige Dinge, aber was brauchte François denn am meisten? Seine Frau! Wem wollte er etwas vormachen? Nichts konnte ihm seine kostbare Annette ersetzen.

„Ich wünschte, es wäre so einfach", sagte er zu dem Gemälde. „Ich wünschte, ein Wattebausch mit Reinigungsflüssigkeit könnte auch bei mir alles wieder in Ordnung bringen."

Er trat zurück und betrachtete seinen Fortschritt. Jetzt war die Hälfte der Wiese zu sehen. Rote Mohnblumen blühten darauf. François' Herzschlag beschleunigte sich. Das war eine erstklassige Arbeit. Der Duktus, die Farben, die Schattierungen – das Werk eines Meisters. Schnell holte er sich einen weiteren Wattebausch. Als Nächstes würde er die schemenhaft zu erkennenden Figuren auf dem Bild freilegen, danach die Signatur des Künstlers. Das hatte er sich eigentlich bis zum Schluss aufheben wollen.

Aber nein! Er konnte nicht länger warten. Er würde sich sofort an die Signatur machen. Schon seit Stunden wuchs seine Neugier, aber er hatte sich zurückgehalten und in der Vorstellung geschwelgt, dass ihm die Unterschrift eines großen Meisters entgegenleuchten würde. Gleichzeitig stellte er sich innerlich schon auf eine Enttäuschung ein. Bestimmt hatte die Kundin recht und ihr Großvater hatte das Bild selbst gemalt und nicht einer der großen Meister. Allerdings hatte ihr Großvater dann wirklich sehr viel Talent besessen …

Während er sich mit seinem Wattebausch vorarbeitete, hing François weiter seinen Gedanken nach. Wenn überhaupt, dann konnte wohl wirklich nur Jesus seine Seele erquicken. François selbst konnte nichts dazutun, das war ihm klar. Seit Wochen versuchte er nun schon, aus eigener Kraft seine Niedergeschlagenheit zu überwinden, doch es gelang ihm einfach nicht – im Gegenteil, er schien immer weiter abwärts zu sinken.

François starrte auf seine faltigen Hände. Er war alt, daran bestand kein Zweifel, und vielleicht lohnte es sich ja wirklich nicht mehr, seine Seele zu erquicken. Das war doch die Frage, die man zu beantworten hatte, bevor man sich an die Restaurierung eines Gemäldes machte: Lohnte es den Aufwand?

François' Blick wanderte erneut zu dem Bildschirm mit dem Gemälde von Dyce. Liebte Jesus nicht alle seine Schafe gleich? Er meinte, sich an eine Geschichte aus der Bibel zu erinnern, in der Jesus neunundneunzig Schafe allein ließ und sich auf die Suche nach einem vermissten Schaf machte. Soweit er sich erinnerte, war dieses Schaf nichts Besonderes gewesen, sondern einfach eins von den vielen. Und doch hatte Jesus es für wert erachtet, ihm nachzugehen. Ein kleiner Hoffnungsstrahl stahl sich in François' Seele.

Also, dachte er, während er seine Arbeit fortsetzte, *wenn Jesus meine Seele erquicken wollte, wie würde er das tun? Was wäre sein Wattebausch und sein Reinigungsmittel?*

François dachte über seine Tätigkeit nach. Das Gemälde selbst war passiv, konnte nichts zu seiner Restaurierung beitragen, sondern musste sie geschehen lassen. Die Arbeit wurde einfach getan. Genau wie François konnte es selbst gar nichts tun. Vielleicht musste auch er einfach glauben, dass seine Seele erquickt werden würde, und es zulassen.

Er hielt mit seiner Arbeit inne und blickte nach oben. Einen Augenblick lang starrte er auf die Ritze in der Decke, dann öffnete er den Mund, brachte jedoch keinen Ton hervor. Und dann begannen die Tränen zu fließen.

„Jesus“, flüsterte er unter Tränen. „Jesus, bitte erquicke meine Seele.“

Er senkte den Blick wieder auf das Gemälde; seine Tränen tropften auf die Signatur. Er wischte sie fort und machte sich dran, ganz behutsam die letzte Schmutzschicht zu entfernen. Und da, es kamen Buchstaben zum Vorschein. Zuerst ein P, dann ein C, ein E und ein Z.

Mitten in der Bewegung hielt François inne. Er hielt den Atem an. War das … ? Nein! Bestimmt nicht. Schnell griff er nach einem frischen Wattebausch und zwang sich, ebenso vorsichtig weiterzumachen wie bisher, auch wenn er am liebsten mit einem kräftigen Wisch den Rest des Namens freigelegt hätte.

Da erschienen sie, die restlichen Buchstaben. a, n, n und schließlich e.

P. Cézanne.

Paul Cézanne!?

Plötzlich machte alles Sinn. Die opaken, gedeckten Farben. Der kurze Duktus der vielen nebeneinandergesetzten Pinselstriche, für den Cézanne bekannt war. Die Meisterhaftigkeit der Ausführung, der Farben, der Schattierungen, der Komposition. Jetzt schien es offensichtlich. Und die Mohnblumen … Cézanne hatte in Aix-en-Provence gelebt, wo es wunderschöne Mohnfelder gab.

François arbeitete die ganze Nacht durch, und in den frühen Morgenstunden schlief er an seinem Arbeitstisch ein. *Der gute Hirte* flimmerte über den Computerbildschirm neben seinem Kopf.

Das Läuten der Türglocke riss François am späten Vormittag aus dem Schlaf. Es war Gérard.

Er rang die Hände, seine typische Geste, wenn er freudig erregt war. „Ich habe eine Überraschung für dich."

„Ich habe auch eine Überraschung", erwiderte François. „Aber du zuerst, mein Freund."

„Ich habe zwei gekauft!", verkündete Gérard zufrieden.

„Zwei was?"

„Zwei Tickets für den Eurotunnel." Er nahm die Fahrkarten aus seiner Tasche und tanzte durch den Raum, ganz der ewige kleine Junge, der er immer geblieben war. „Jetzt musst du mit mir nach London fahren, nach London, nach London."

François spürte, wie auch in ihm so etwas wie Freude hochstieg, so als würden er und Annette in den Urlaub fahren. Gestern hatte er den Vorschlag, Gérard nach London zu begleiten, noch weit von sich gewiesen. Unmöglich, absurd – aber jetzt schien es ihm gar nicht mehr so weit weg zu sein. Eigentlich war es sogar beinahe verlockend.

Vielleicht ist dies ein Geschenk von Gott, dachte François. *Ein erster Schritt zur Erquickung meiner Seele.*

Plötzlich sah er all die berühmten Kunstwerke vor sich, die London seinen Augen zu bieten hatte. Er könnte die National Gallery besuchen, das Tate Modern und das Somerset House, die Royal Academy of Arts und die National Portrait Gallery. Und die Wallace Collection. So viele Möglichkeiten.

Unvermittelt unterbrach Gérard sein Tänzchen und blieb stehen. „Du kommst doch mit, nicht?"

„Natürlich!" François schloss sich Gérard in seinem Tanz an.

„Und Manchester ist nicht weit von London entfernt", sang Gérard. „Von London, von London."

François würde endlich *Der gute Hirte* im Original sehen können. Und er sah beinahe vor sich, wie Annette zustimmend nickte, ein Strahlen in ihren Augen.

Gérard blieb stehen. „Und deine Überraschung?"

Ach ja! Eine neue Welle der freudigen Erregung durchfuhr François. „Oh, komm mit und sieh selbst, mein Freund, komm und sieh. Du wirst es nicht glauben."

Gérard folgte François in den Arbeitsraum, wo der Cézanne inzwischen in all seiner wiederhergestellten Schönheit auf einer Staffelei stand. Selbst aus der Entfernung erkannte Gérard sofort, dass es sich um ein Meisterwerk handelte. Langsam und beinahe ehrfürchtig näherte er sich dem Gemälde. Mit auf dem Rücken gefalteten Händen vertiefte er sich in den Anblick. Sein Blick wanderte zuerst zur Signatur, dann über das Gemälde hinweg. Er bewunderte die Pinselführung und die Farben und betrachtete es aus jeder möglichen Perspektive, indem er hin und her wanderte und seinen Kopf verrenkte wie ein Huhn.

Schließlich sagte er nur ein einziges Wort: „Wundervoll!"

François strahlte. „Allerdings. Es ist unglaublich, oder?"

„Das schreit nach einer Feier", meinte Gérard und öffnete die Tür des Schranks, in dem François seinen Wein aufbewahrte. Er nahm zwei Gläser und eine Flasche Bordeaux heraus. Sie schenkten sich ein und stellten zwei Stühle vor den Cézanne, auf denen sie sich niederließen.

„Auf die meisterhafte Kunst!", sagte Gérard.

François hob sein Glas. „Auf Cézanne!"

Sie stießen miteinander an. Gemeinsam saßen sie lange Zeit vor dem Bild, tranken ihren Wein und freuten sich an dem Meisterwerk.

„Es heißt, dass ein Gemälde nach der Restaurierung nicht mehr dasselbe ist. Dass man es nie wieder in den Zustand zurückversetzen kann, in dem es war, als es gemalt wurde. Aber ich finde, die Risse und Linien verleihen dem Werk auch eine gewisse einmalige Schönheit. Sie geben dem Kunstwerk Charakter", bemerkte François nachdenklich.

Gérard hob sein Glas. „Recht hast du.“

François kam der Gedanke, dass das auch für ihn galt. Ja, die Zeit und die Lebensumstände hinterließen ihre Spuren auf dem Original. Er hatte sich verändert, genau wie das Gemälde, und er würde nie wieder so sein wie vor Annettes Tod. Er wollte auch gar nicht mehr so sein. Nie hatte er eine so tiefe Liebe für einen anderen Menschen empfunden und auch zurückbekommen wie während der Zeit, in der er seine Frau durch die Krankheit begleitete.

Sein Blick wanderte über seine Schulter zurück zu dem Gemälde *Der gute Hirte* auf seinem Computerbildschirm. Einige der Schafe aus Jesus’ Herde hatten das Tor bereits durchschritten, und einige standen noch hinter dem Hirten, bereit, hinter ihm durch die Öffnung zu gehen. So war es auch mit ihm und Annette. Sie war ihm schon vorausgegangen durch das Tor, und er stand noch davor. Aber eines Tages würde der Hirte ihn ebenfalls hindurchgeleiten, und dann würde er wieder mit ihr vereint sein.

François’ Blick blieb an den Schafen in dem umzäunten Bereich hängen, die zufrieden grasten. Der Vers aus dem Psalm fiel ihm wieder ein: *Er erquickt meine Seele.*

„Auf die Erneuerung!“, rief François.

Und sie hoben erneut ihre Gläser zu einem Toast.

Kapitel 6

Er führt mich auf rechter Straße um seines Namens willen.

„Halt! Haltet den Mann auf!"

Patrick rannte die Londoner Straße entlang, so schnell er konnte, und schaute nicht zurück. Das brauchte er auch nicht, er wusste, wer ihn verfolgte: die Polizei. Die Beamten hatten ihn dabei erwischt, wie er dem alten Mann im Bahnhof die Brieftasche aus der Tasche gezogen hatte.

Patrick rannte weiter, so schnell ihn seine Füße trugen. Sein Herz klopfte zum Zerspringen, und er spürte, wie ihm der Schweiß ausbrach. Sein Atem ging stoßweise. Wenn man erst einmal angefangen hatte zu rennen, konnte man schwer wieder stehen bleiben. Seit mehr als einem Jahr war er nun schon auf der Flucht, doch auch seine Vergangenheit ließ sich nicht abschütteln, genau wie die Polizisten, die ihm auf den Fersen waren.

Er überquerte die Straße, wich geschickt den Autos aus und verschwand in einer kleinen Seitenstraße. Mit Leichtigkeit schwang er sich über einen niedrigen Zaun und erreichte die Parallelstraße, wo er kurz stehen blieb, sich umsah, lauschte, mit pochendem Herzen. Sein Körper war noch ebenso gut trainiert wie in der Zeit, als er in den Hügeln Irlands umhergestreift war, über Steinmauern gesprungen und die Feldwege entlanggesprintet war. Doch das war ein anderes Thema.

Da! Er hörte sie kommen. Die Polizisten hatten seinen Fluchtweg erraten und bogen gerade um die Ecke.

„Hey, Sie da! Stehen bleiben!"

Mist. Sie waren schon viel zu nah. Er rannte wieder los, steigerte sein Tempo noch mehr.

Die Leute auf dem Bürgersteig wichen vor ihm zur Seite. In aller Eile entwarf Patrick einen Plan. Ob das klappen würde, war zweifelhaft, aber eine andere Möglichkeit blieb ihm wohl nicht. Wenn das Café, an dem er gleich vorbeikommen würde, gut besucht war, könnte er zwischen den Gästen hindurch in die Küche laufen und durch den Hintereingang wieder hinaus, und von dort aus würde er durch den Hintereingang in sein Hotel verschwinden.

Patrick bog um die Ecke. Gut, das Café war tatsächlich voll. Das würde die Polizisten aufhalten, die ihm immer noch dicht auf den Fersen waren.

„Haltet diesen Mann auf!"

Patrick schlängelte sich zwischen den Tischen auf dem Bürgersteig hindurch und verschwand im Café. Durch die Küche, zum Hintereingang hinaus und scharf nach links. Durch die Hintertür witschte er in das billige Hotel und rannte zwei Stufen auf einmal nehmend die Treppe hoch. Mit zitternden Fingern schloss er seine Zimmertür auf, trat ein, warf die Tür hinter sich zu und schloss ab. Außer Atem ließ er sich auf das ungemachte Bett sinken. Sein Brustkorb hob und senkte sich schwer.

Nur langsam beruhigte sich sein Herzschlag. Aufmerksam lauschte er auf verdächtige Geräusche im Flur. Nichts. Er war in Sicherheit, er hatte es geschafft … dieses Mal.

Patrick seufzte und begann seine Taschen auszuleeren. Bei seinem ersten Diebstahl hatte ihn sein Gewissen geplagt. Auch noch beim zweiten Mal. Doch dann hatte er sich seine Taten schöngeredet: Seine Opfer besaßen sicherlich mehr als er. Den Verlust einer kleinen Menge Bargeld konnten sie verschmerzen.

Doch heute war alles irgendwie anders. Der vertraute Adrenalinkick nach dem Diebstahl war ausgeblieben und die

Selbstlügen griffen auch nicht. Fakt war: Er brachte andere Leute um ihr Eigentum, er hasste es, dass er das tat, doch er wusste auch keinen Ausweg. Er fühlte sich gefangen in seinem Leben, und er hatte es so satt, immer davonzulaufen.

Am Tag zuvor hatte er sich ein Sandwich aus der Armenküche geholt und sich gerade auf einer leeren Parkbank am Marktplatz niedergelassen, als ein Freund seines Vaters plötzlich vor ihm gestanden hatte. Diesen Mann kannte Patrick seit seiner Kindheit – er war sein Lehrer in der Dorfschule gewesen.

„Paddy?"

Schon lange hatte ihn niemand mehr so genannt.

„Ja?" Er blickte in das zerfurchte Gesicht seines alten Lehrers, und sein Herz krampfte sich zusammen. „Mr O'Donnell!", sagte er, und plötzlich war er sich seines unrasierten Gesichts und seiner schmutzigen Kleidung nur allzu deutlich bewusst.

„Paddy, ich habe einen Brief für dich", sagte Mr O'Donnell. Er kramte in seiner Aktentasche. „Dein Vater hat ihn mir mitgegeben für den Fall, dass ich dir hier in London begegne. In diesem Semester halte ich Vorlesungen an der Universität."

Patrick regte sich nicht, das Sandwich lag unberührt auf seinem Schoß. Er wischte sich seine Hand an seinem Hosenbein ab und nahm den Brief entgegen. Die Handschrift seines Vaters auf dem Umschlag sprang ihm praktisch entgegen.

„Ich trage den Brief nun schon seit ein paar Monaten mit mir herum in der Hoffnung, dich zu treffen. Wir haben gehört …"

Patrick stopfte den Brief in seine Tasche und senkte den Blick. „Danke", unterbrach er ihn. Er wollte gar nicht wissen, was Mr O'Donnell gehört hatte. Als er wieder aufblickte, war sein Lehrer verschwunden.

Gleich dort auf der Parkbank las er den Brief. Er enthielt

Neuigkeiten – Neuigkeiten, die ihn verwirrten. Wie konnte das sein? Wie hatte dies geschehen können? Er las den Brief noch einmal. Vier Wörter stachen ihm ins Auge:

Du wirst hier gebraucht.

Seit Monaten hatte er nicht mehr an zu Hause gedacht, und jetzt auf einmal das. Patrick war wie gelähmt. Tiefe Schamgefühle drückten ihn nieder. Möglich, dass er gebraucht wurde ... aber er konnte niemals nach Hause zurückkehren. Er war viel zu weit vom Weg abgekommen. Wenn sein Vater wüsste, was er alles getan hatte, hätte er diesen Brief niemals geschrieben.

Wie hatte es nur so weit kommen können?

Als er ins Teenageralter gekommen war, war ihm sein Vater verknöchert und weltfremd erschienen. Er hatte Patrick oft kritisiert, weil der seine Abende mit den jungen Leuten im Pub verbrachte, viel Alkohol trank und erst morgens nach Hause kam.

Dann war eines Tages das rothaarige Mädchen aufgetaucht. Sie war neu in der Stadt, nur über den Sommer zu Besuch, und für Patrick war sie mit ihrer blassen Haut und den knallrot geschminkten Lippen das schönste Wesen auf der Welt gewesen. Sein Vater hatte versucht, ihn vor den Gefahren der Nacht, der Trunkenheit und der Frauen zu warnen, aber Patrick hatte eigensinnig weitergemacht. Wann immer es möglich war, hatte er das rothaarige Mädchen getroffen. Komisch, er konnte sich jetzt kaum noch an ihren Namen erinnern.

Er spürte die wachsende Enttäuschung und Frustration seines Vaters, und sein Zuhause wurde ihm zu eng. Er empfand es als ungemütlich, ja sogar erdrückend.

In jenem Herbst ging Patrick aus Irland fort. Ohne auch nur eine Nachricht zu hinterlassen schlich er sich mitten in der

Nacht davon. Und zunächst war er einfach nur froh gewesen, den kritischen Blicken seines Vaters entkommen zu sein.

Die erste Nacht in London war magisch, auch die zweite, die dritte und die vierte. Freiheit. Mädchen, Alkohol, Musik und Tanz. Er stürzte sich in einen wahren Rausch des Verbotenen.

Doch bald ging sein Geld zur Neige, und die Leute, mit denen er um die Häuser gezogen war, kannte er nicht gut genug, um bei einem von ihnen unterzukommen. Er hatte keine Ausbildung, keine Fähigkeiten, und etwas zu finden, womit er seinen Lebensunterhalt bestreiten konnte, erwies sich als schwierig. Die Erinnerung an die vielen billigen Absteigen und die ersten Tage des Bettelns taten weh. Und dann hatte er zum ersten Mal gestohlen. Es war furchtbar gewesen, aber es hatte funktioniert.

Oh, wie gern er wieder nach Hause zurückkehren wollte, ganz besonders angesichts dessen, was in dem Brief stand. Aber wie sollte er seinem Vater unter die Augen treten? Wie könnte er zu dem zurückkehren, was er so achtlos weggeworfen hatte? Obwohl ihm sein alter Herr und das Haus so altmodisch und einengend vorgekommen waren, hatte dort eine gewisse Freiheit geherrscht, die er in London nicht gefunden hatte.

Patrick setzte sich auf die Bettkante und untersuchte seine Beute vom Vormittag. Die Brieftasche war zerschlissen und sah nicht besonders vielversprechend aus, aber auch wenig würde ihm weiterhelfen. Die beiden älteren Männer waren ihm aufgefallen, als sie gerade aus dem Zug gestiegen waren. Sie waren durch den Eurotunnel gekommen. Patrick hatte seine Lieblingstechnik angewendet: Anrempeln und dabei unauffällig die Brieftasche aus der Tasche ziehen.

Schnell durchstöberte er die Brieftasche. Keine fette Beute. Ein paar Banknoten, die er in seine Tasche steckte, das Foto einer älteren Dame, vielleicht der Ehefrau des Mannes, und ein mehrfach gefalteter Zettel. Er klappte ihn auf. *Psalm 23.*

Na toll, dachte Patrick, *das soll wohl ein großer kosmischer*

Scherz sein, was? Ausgerechnet der Hirtenpsalm. Patrick kannte ihn nicht nur auswendig, er war auch mit den Bildern und Vergleichen aus diesem Psalm groß geworden, hatte sie buchstäblich mit der Muttermilch aufgesogen, denn seine Eltern hatten eine Schaffarm betrieben.

Eine Zeile in der Mitte der Seite stach ihm ins Auge: *Er führt mich auf rechter Straße.*

Sein Herz krampfte sich zusammen. Diese Worte brachten unerwünschte Erinnerungen an seinen Vater zurück. Er schloss die Augen und sah seine breiten Schultern und grauen, drahtigen Haare vor sich. Er sah sich selbst, die jüngere Version von ihm namens Paddy, rothaarig und voller Sommersprossen, wie er fröhlich hinter seinem Vater hersprang wie die Frühlingslämmchen, um die er sich kümmerte. Die Beziehung zwischen einem Vater und seinem Sohn war etwas Besonderes, einfach unvergleichlich, das wusste er jetzt. Bei dem Gedanken daran zog sich seine Brust schmerzhaft zusammen.

Patrick hatte die Stimme seines Vaters noch im Ohr. „Paddy, Gott wünscht sich für dich, dass du den richtigen Weg einschlägst."

Die Worte, durch die sein Vater ihm helfen wollte, verurteilten ihn jetzt. Sein Vater hatte immer nur das Beste für ihn gewollt. Das erkannte er jetzt, aber damals hatte er es als altmodisch und bevormundend empfunden. Er hatte das Gefühl gehabt, dass sein Vater sich unablässig in seine Angelegenheiten einmischte.

Patrick steckte den Zettel mit dem Psalm wieder in die Brieftasche und schleuderte sie unter das Bett, damit er sie nicht mehr vor Augen hatte. Ausgerechnet das Lied des Hirten!

Wenn es etwas gab, womit Patrick sich auskannte, dann waren es Schafe. Die ersten 18 Jahre seines Lebens hatte er mit Schafen verbracht. Manchmal hatte er sogar mit ihnen das Bett geteilt. Die Lämmer, die von ihren Muttertieren nicht angenommen wurden oder zu schwach für frostige Temperaturen waren, brachte sein Vater manchmal mit ins Haus. Patrick erinnerte sich noch genau an den sanften Geruch der Tiere, die dann gemeinsam mit ihm auf dem Boden vor dem Ofen schliefen. Sie waren sehr niedlich gewesen, weich und lebenslustig und anschmiegsam, und er hatte es geliebt, sie zu streicheln und mit ihnen zu spielen.

Sobald Patrick alt genug gewesen war, hatte er jeden Tag die Schafe zur Weide gebracht. Sonderlich intelligente Tiere waren sie nicht. Jeden Morgen gingen sie über denselben ausgetretenen Pfad hin und jeden Abend wieder zurück, doch irgendwie gelang es den Schafen immer wieder, sich zu verirren, und dann standen sie verloren da und schienen sich zu fragen, was denn wohl passiert sei. Die alte Bessie zum Beispiel. Sie war ihr ganzes Leben lang immer denselben verflixten Weg gegangen, aber ausgerechnet an dem Tag, an dem Patrick seine Heimat verlassen hatte, war sie weggelaufen und hatte auf der Wiese vor ihm gestanden und ihn verständnislos angestarrt.

Er führt mich auf rechter Straße.

Patrick war so weit von der rechten Straße entfernt, dass er gar nicht mehr wusste, wie er zurückfinden sollte. Wie seltsam, dass ausgerechnet dieser Psalm in der gestohlenen Brieftasche gesteckt hatte. Wollte Gott ihm damit vielleicht etwas sagen?

„Also gut, Gott“, sagte er, obwohl er nicht wirklich eine Antwort erwartete, „dann zeig mir den richtigen Weg.“

Geh zurück.

Der Gedanke durchzuckte ihn, und es war, als würde eine Fackel ganz plötzlich einen dunklen Raum erhellen.

Geh zurück. Diese Worte hallten in seinem Kopf wider und wollten einfach nicht verschwinden.

Du kannst nicht zurückgehen, sagte er sich. *Du bist schon viel zu weit entfernt von zu Hause.*

Aber er wollte zurückgehen. Er *musste* zurückkehren. Das, was in dem Brief stand, veränderte alles.

Er überlegte, wie es sich wohl anfühlte, von seinem Sohn

getrennt zu sein, und auf einmal fühlte er die Sehnsucht eines Vaters – diesen Wunsch, das eigene Kind in den Armen zu halten. Er erinnerte sich wieder daran, wie sehr er als Kind die kleinen Lämmer geliebt hatte und wie zärtlich er sie auf dem Arm gehalten hatte. So liebte wohl ein Vater.

Geh nach Hause, meldete sich die Stimme in seinem Kopf erneut.

Dieses Mal waren keine beharrlichen Zweifel und Anklagen in seinem Inneren die Antwort, sondern ein warmer Funke glühte auf.

Bevor er es sich anders überlegen konnte, packte Patrick seine wenigen Habseligkeiten in seinen Rucksack und verließ das Hotel. Um sich das Geld für die Rückkehr nach Hause zu beschaffen, würde er noch ein paar Brieftaschen brauchen, doch dann würde er sich auf den Weg nach Irland machen.

Auf der Straße legte sich eine tiefe Niedergeschlagenheit auf ihn. Er konnte sich doch seine Heimreise nicht mit weiteren Diebstählen finanzieren! Es fühlte sich nicht richtig an.

Da, vor ihm war ein älteres Ehepaar. Sie wären die perfekten Opfer. Er ging auf sie zu. Irgendwie erinnerten sie ihn ein wenig an seine Großeltern.

Nein.

Da war es wieder. Nur ein einziges Wort, das ihn zu führen schien.

Nein.

Er ging an dem Paar vorbei. „Guten Tag", grüßte der Mann und tippte an seinen Hut.

„Guten Tag", antwortete Patrick und spürte, wie das Glühen in seinem Inneren wieder stärker wurde.

Eine junge Anhalterin bog gerade um die Ecke und kam ihm entgegen. Sie ging dicht an ihm vorbei, ihr großer

Wanderrucksack streifte seine Hand. Der Reißverschluss stand offen! Eine leichte Beute.

Nein.

Wieder dieser Gedanke. Er zögerte. „Hey“, sagte er zu dem Mädchen. „Du solltest den Reißverschluss von deinem Rucksack lieber zumachen.“

Sie drehte den Kopf. „Kannst du das für mich machen?“, fragte sie. „Dann muss ich ihn nicht absetzen. Ist immer so ein Aufwand.“

Patrick zog den Reißverschluss zu. Beinahe hätte er laut über diese Ironie des Schicksals gelacht. Doch es fühlte sich gut an.

Nacheinander schloss er jedes gute Opfer aus, das ihm begegnete. Gegen Abend schließlich bekam er Hunger. Er nahm die Scheine des alten Mannes von heute früh aus seiner Tasche und starrte auf das gestohlene Geld.

Es gehört dir nicht, sagte die Stimme in ihm. Die Stimme hatte recht. Wie hatte er nur so leben können? Dies war nicht sein Geld, aber er konnte es auch nicht zurückgeben.

Ein obdachloser Mann hockte an der Mauer neben dem Café. Patrick drückte ihm die Geldscheine in die Hand. Was für eine Erleichterung, sie los zu sein. Das war der richtige Weg, davon war er überzeugt.

Und jetzt mach dich auf den Weg, sagte die Stimme in ihm. Aber wie sollte er ohne Geld nach Hause kommen? Und was würde ihn dort erwarten? Würde sein Vater ihm vergeben können? In einer Märchenwelt lautete die Antwort ja, aber das hier war das reale Leben. Es gab keine Garantien.

Patrick blieb einen Augenblick stehen und dachte über den Brief nach. Doch, es gab Grund zur Hoffnung. Dann wappnete er sich innerlich und setzte sich in Bewegung.

Er überquerte den Fluss, wanderte durch den Hyde Park, durch die Londoner Straßen und andere kleine Parks, bis er den Stadtrand erreichte. Dort schlief er einfach irgendwo auf einer grünen Wiese unter dem klaren Nachthimmel. Als der Morgen anbrach, erwachte er und beobachtete den Sonnenaufgang. Dann marschierte er weiter.

Unterwegs wurde er überrascht von unerwarteter Großzügigkeit, die ihm an den ungewöhnlichsten Orten begegnete. Der Fahrer eines Lieferwagens nahm ihn ein Stück mit. Ein anderer teilte sein Mittagessen mit ihm. Eine ältere Frau bezahlte ihm die Fahrkarte für die Fähre. Das alles hatte er nicht verdient, das wusste er. In der vergangenen Zeit hatte er sich einfach genommen, was er brauchte, und er hatte ganz vergessen, dass Menschen auch ganz anders sein konnten; dass nicht jeder nur an seine eigenen Bedürfnisse dachte.

Tage vergingen. Patrick bewegte sich immer weiter vorwärts, mal schneller, mal langsamer. Irgendwo unterwegs begann er wieder zu beten. Es waren keine vorformulieren Gebete wie in der Kirche, sondern einfach Gespräche mit seinem Hirten, Gedanken, die ihm kamen, die aber oft nicht seine eigenen zu sein schienen.

Patrick dachte über das nach, was er getan hatte seit jenen Tagen, als er noch ein Kind bei seinem Vater war. Es gab viele Dinge, deren er sich schämte, und er bekannte sie Gott nacheinander im Gebet und erbat und empfing seine Vergebung. Das erfüllte ihn mit einem tiefen Frieden.

Hinter Dublin nahm ihn ein Fremder das letzte Stück mit. Dafür war Patrick sehr dankbar. Auf der Fahrt zu seinem Zuhause starrte er aus dem Seitenfenster und beobachtete die Steinmauern, an denen sie vorbeikamen. Die Hügel seiner Heimat Cork waren so grün, viel grüner, als er sie in Erinnerung gehabt hatte.

Patrick strich mit der Hand über sein unrasiertes Gesicht, betrachtete sein schmutziges Hemd und wünschte, er würde nicht so abgerissen und schmuddelig aussehen. Aber er hatte keine Wahl. Er musste so gehen, wie er war.

Auf den letzten Kilometern wuchs seine Sorge. Wieder und wieder probte er in seinen Gedanken, was er zu seinem Vater sagen würde. Und wieder kam ihm in den Sinn, was in dem Brief stand, und er stellte sich vor, wie das sein Leben für immer verändern würde.

Der Autofahrer ließ ihn im Norden der Stadt aussteigen, nur wenige Kilometer von der Farm seines Vaters entfernt. So hatte er Zeit, all seinen Mut zusammenzunehmen.

Entschlossen setzte sich Patrick auf der schmalen, von einer niedrigen Steinmauer gesäumten Straße in Bewegung. Auf den Wiesen grasten Schafe, und wieder dachte Patrick an den Psalm. *Er führt mich auf rechter Straße.*

Die Sehnsucht nach zu Hause wurde übermächtig in ihm. Sogar die nicht enden wollenden Pflichten, die er früher so verabscheut hatte, erschienen ihm jetzt verlockend. Und er sehnte sich danach, wieder bei den Schafen auf der Weide zu sein – diesen dummen, dämlichen, idiotischen Schafen. Aber am meisten sehnte er sich nach seinem Vater und seinen starken Armen. Ja, genau das wollte er.

Patrick beschleunigte seine Schritte und rannte jetzt über den Feldweg. Es war der längste Kilometer seiner ganzen Reise, aber seine Beine waren stark, und sein Herz war frei. Endlich lief er auf etwas zu und nicht vor etwas davon.

Das kleine Häuschen kam in Sicht. Rauch stieg aus dem Kamin auf, und die Fenster waren hell erleuchtet. Es sah unglaublich gemütlich und einladend aus.

Vor dem Haus blieb er stehen. Die Angst wollte ihn lähmen.

Klopf an, forderte die Stimme ihn auf.

Er klopfte leise an und stieß die Tür auf. Sein Vater saß am

Kamin und blickte auf. Er sah viel älter aus, als Patrick ihn in Erinnerung hatte. Fassungslos starrte er ihn an.

Patrick versuchte, die Worte zu formulieren, die er sich zurechtgelegt hatte, doch nichts kam.

Mit Tränen in den Augen erhob sich sein Vater langsam und streckte die Arme nach ihm aus. „Paddy! Endlich bist du wieder zu Hause!"

Sie umarmten sich – Vater und Sohn, endlich vereint.

„Ich habe dir so viel zu sagen", begann Patrick. „Es tut mir so leid …"

„Später", sagte sein Vater.

Patrick löste sich von ihm und folgte seinem Blick, der zu der Wiege unter dem Fenster wanderte. Langsam durchquerte Patrick den Raum. Er blickte hinab auf das kleine Wesen, das da vor ihm lag.

Sein Sohn. Sein eigen Fleisch und Blut. So perfekt, so vollkommen. Patrick konnte es nicht fassen.

Die Worte aus dem Brief fielen ihm wieder ein: *Du wirst hier gebraucht. Du hast jetzt einen Sohn, und er braucht einen Vater.*

Patrick nahm seinen Sohn aus der Wiege und drückte ihn vorsichtig und beinahe ehrfürchtig an sich.

„Er führt dich auf rechter Straße um seines Namens willen", flüsterte Patrick seinem Sohn ins Ohr. „Ich werde bei dir sein und dir dabei helfen." Er spürte den warmen Atem des Babys an seiner unrasierten Wange.

Tief bewegt hielt er seinen Sohn im Arm, betrachtete sein Gesicht. Der vertrauensvolle Blick in den Augen des Babys erwärmte ihm das Herz. Jetzt konnte er nie wieder weggehen, das wusste er.

Die Beziehung zwischen einem Vater und einem Sohn war einzigartig. Patrick wollte seinem Sohn ein Vater sein, wie sein Vater es für ihn gewesen war, immer für ihn da, immer bereit, ihn zu lieben. Und jetzt hatte er ihn wieder zu Hause aufgenommen, nach allem, was er getan hatte. Was immer notwendig war, würde er tun. Was immer er lernen müsste, würde er lernen. Der Hirte hatte versprochen, ihn zu leiten, und endlich war er bereit, ihm zu folgen.

Gut gemacht.

Dieser Gedanke bestätigte und tröstete ihn. Das Weglaufen war zu Ende. Patrick war zu Hause angekommen.

Kapitel 7

Und ob ich schon wanderte im finsteren Tal …

Wie kann ich mich am besten umbringen?

Diese Frage ragte wie ein Berg vor Jake auf. Sein schmuddeliges Hotelzimmer in London hatte auch schon etwas von einem Grab, ganz so, als wäre er bereits tot. Er nahm sich die Brille ab, strich sich mit den Fingern durch seine grau melierten Haare und rieb sich sein unrasiertes Kinn.

Wie sollte er es tun?

Erschießen? Zu kompliziert. Er besaß keine Waffe, und sich jetzt eine zu besorgen war zu schwierig. Er müsste nachdenken, sich erkundigen, sich eine Geschichte ausdenken … dazu hatte er nicht die Kraft.

Von einer Brücke springen? Zu dramatisch. Was, wenn er überlebte und dann womöglich schwer verletzt war oder gelähmt? Oder es sogar einfach so überstand?

Mit einem Messer? Das wäre eine zu große Schweinerei. Das viele Blut – und irgendein armer Mensch musste das dann wegputzen …

Noch vor zwei Wochen hatte er alles gehabt. Eine perfekte Frau, einen perfekten Job, ein perfektes Leben … jedenfalls nach außen. Was würde June wohl denken, wenn sie ihn jetzt sehen könnte? Es war egal. Von ihr war ihm nur ein Zettel geblieben, den sie für ihn hinterlassen hatte. Bestimmt würde sie bald die Scheidung einreichen. Und seine Arbeit – noch vor zwei Wochen war er ein geachteter Mann gewesen, voller Ideen und Tatkraft. Jetzt war alles fort. Er war ganz unten angekommen. Tiefer ging es nicht mehr. Und er konnte die Enttäuschung, das Gefühl der Zurückweisung und der Leere nicht mehr ertragen.

Tabletten? Ja, Tabletten wären wohl das Richtige. Ein leiser Abschied ohne hässliche Aufräumarbeiten hinterher. Und Tabletten hatte er auch genügend bei sich. Sein Arzt hatte ihm die Pillen gegen seine Schlafstörungen verschrieben. Er starrte auf das Tablettendöschen in seiner Hand. Um seinem Leben ein Ende zu setzen, musste er sie vermutlich alle auf einmal schlucken.

Jake sank auf das durchgelegene Bett in dem heruntergekommenen Hotelzimmer und verdrängte die Gedanken, die auf ihn einstürmten. Er wollte nicht in diesem deprimierenden Zimmer sterben, und auch June wollte er nicht zumuten, dass sie am Ende hierherkommen und ihn identifizieren musste. Oder wie auch immer das gehandhabt wurde. Sein Leben wollte er im Freien beenden, an einem Ort, wo es schön war. Aber wo?

Auf dem Schreibtisch lagen einige Touristenbroschüren. Er griff nach der obersten. *El Camino de Santiago.* Der Jakobsweg. Ein Hunderte Kilometer langer Weg durch Frankreich und Spanien, auf dem seit dem Mittelalter Millionen Menschen nach Santiago de Compostela gepilgert waren.

Die Pilger aus dem Mittelalter hatten sich aus spirituellen Gründen auf diese Reise gemacht, aber für Jake würde es keine Reise aus geistlichen Motiven sein. Das brauchte er nicht. Für ihn wäre es eine Flucht, und, wichtiger noch, es wäre der perfekte Ausgangspunkt für seinen Abschied von der Erde.

Ja, gleich morgen würde er nach Frankreich reisen und sich auf den Jakobsweg machen.

Jetzt hatte Jake ein Ziel vor Augen. Er packte seine wenigen Habseligkeiten zusammen. Als er sich bückte, um seine verstreuten Sachen vom Boden aufzusammeln, entdeckte er unter dem Bett eine Brieftasche und zog sie hervor. Außer ein paar Fotos und einem zusammengefalteten Zettel war sie leer. Er klappte das Blatt auf, und die Worte des 23. Psalms sprangen ihm ins Auge. Sein Blick blieb an der Zeile hängen: … *und ob ich schon wanderte im finsteren Tal …*

Er ballte die Faust und reckte sie drohend in die Höhe. „Oh nein! Versuch es gar nicht erst“, sagte er zu Gott. „Versuch es gar nicht erst!“ Jemand im Nachbarzimmer klopfte gegen die Wand, und Jake wurde klar, dass er laut gebrüllt hatte.

Er knüllte das Papier zu einem Ball zusammen und schleuderte es mit aller Kraft aus dem Fenster. Als er hinaussah, beobachtete er, wie es einem jungen Mann mit einem Irokesenschnitt gegen den Kopf prallte, der es dann auffing.

Gut, dachte Jake. *Vielleicht kann der etwas damit anfangen.*

Er knallte das Fenster zu. Mit Gott und Bibelversen und dem Bemühen, alles richtig zu machen, war er fertig. Wohin hatte es ihn gebracht?

Morgen würde er auf Pilgerreise gehen. Eine Pilgerreise zu seinem eigenen Tod. Es lag große Erleichterung in der Vorstellung, einfach nur einen Fuß vor den anderen zu setzen. Er würde nicht mehr überlegen müssen, was er mit seinem Leben tun wollte. Er würde mit niemandem reden, niemandem helfen, nichts organisieren müssen. Und er brauchte sich nicht mehr bei irgendjemandem zu entschuldigen. Das war die größte Erleichterung. Einen Fuß vor den anderen. Mehr war nicht nötig, und schon bald würde er für immer Ruhe vor all den Anforderungen und Wünschen und Bedingungen haben, die ständig auf ihn einprasselten.

Am nächsten Morgen reiste Jake nach Frankreich. In einem kleinen Laden, in dem sich die Pilger ausstatten konnten, die nach Santiago de Compostela wollten, kaufte er sich einen

Rucksack, einen Schlafsack, einen Wanderstock und eine Wasserflasche. Das Tablettendöschen steckte er in eine der Seitentaschen des Rucksacks. Jetzt war er bereit. Mit der Hilfe des Ladenbesitzers fand er den Ausgangspunkt des Pilgerpfades.

Irgendwie hatte er erwartet, dass er besser gekennzeichnet sein würde, aber es war nur ein kleines Holzschild mit einer Muschel, dem *Camino*-Symbol, das in die Richtung des Jakobswegs deutete. Er nahm seinen Wanderstab und machte sich auf den Weg.

Ein leichter Nieselregen fiel, und Jake setzte seinen Hut auf. Das trübe Wetter passte bestens zu seiner Gemütsverfassung. Seine Stiefelsohlen knirschten über den steinigen Weg. Der Rucksack fühlte sich gut an auf seinem Rücken; er saß perfekt und war nicht zu schwer.

Vor ihm waren andere Pilger unterwegs. Er bremste seinen Schritt, denn er wollte keine Bekanntschaft mit ihnen schließen. Ihre Schultern waren gebeugt, und sie wirkten schon von hinten betrachtet irgendwie ... belastet. Wenn er sich ihnen anschloss, würden sie ihm ihren Schmerz aufbürden, und das könnte er nicht ertragen. In seinem Leben hatte Jake bereits genügend traurige Geschichten gehört, seine eigene eingeschlossen. Schon beim Gedanken daran begannen seine Schultern zu schmerzen. Er blieb stehen, nahm den Rucksack ab und massierte sie. Seine eigenen Probleme waren wirklich groß genug für ihn.

Wider Willen erinnerte er sich an seinen letzten Arbeitstag.

„Wir müssen reden", hatte Arthur gesagt.

Jake war überrascht und gespannt gewesen. *Was könnte Arthur wollen?* Er respektierte Arthur und wusste, dass er auch ihn respektierte. Vielleicht übertrug er ihm ja noch größere Verantwortung. Jake hatte der Sekretärin den hochgereckten Daumen gezeigt, als er Arthurs Büro betreten hatte. Erst hinterher erinnerte er sich an den traurigen Ausdruck auf ihrem Gesicht. Sie hatte das Zeichen nicht erwidert.

„Wir müssen dich ziehen lassen", hatte Arthur gesagt.

„Wohin?", hatte Jake zuerst verständnislos gefragt, und erst dann war ihm die schreckliche Wahrheit gedämmert. Er war nicht für eine Reise vorgesehen; er wurde gefeuert! Die vielen Überstunden. Die vielen Wochenenden. Die vielen verpassten Urlaube und Feiertage. Alles umsonst.

„Es hat nichts mit dir persönlich zu tun", hatte Arthur erklärt. „Die Budgetkürzungen ... die Wirtschaftslage. Du verstehst schon."

Mit so etwas hatte Jake überhaupt nicht gerechnet. Seine Frau June hatte er schon darauf vorbereitet gehabt, dass sie dieses Jahr nicht in Urlaub fahren konnten, weil er arbeiten musste. Er hatte sogar den fürchterlichen Satz gesagt: „Du musst das verstehen. Mein Job ist mein Leben." Die Erinnerung daran quälte ihn jetzt.

An jenem Tag war Jake bis spät am Abend durch die Straßen gelaufen und schließlich nach Hause gegangen. Dort hatte er so getan, als wäre nichts geschehen. Er konnte nicht mit June darüber reden. Es gab niemanden auf der Welt, mit dem er darüber reden konnte. Seine Arbeit war sein ganzer Lebensinhalt gewesen. Alle seine sozialen Kontakte hatte er ausschließlich im Büro gehabt. Seinen Selbstwert hatte er allein aus seiner Arbeit bezogen.

Der Regen hörte auf, und die Sonne vertrieb die Wolken. Er wanderte den steilen Pfad hoch. Er war allein, doch das unbestimmte Gefühl, verfolgt zu werden, ließ ihn nicht los. Wurde er jetzt auch noch paranoid? Ganz bewusst konzentrierte er sich auf den Weg, hielt den Blick auf seine Füße gerichtet.

Die Sonne stand strahlend hell am Himmel, und immer wieder musste er anhalten, um einen Schluck Wasser zu trinken und sich auf der Karte zu orientieren. Beinahe schien es ihm, als würde er auf der Stelle treten, und sich wieder in Bewegung zu setzen fiel ihm schwer. Und immer war da dieses Gefühl, beobachtet zu werden. Mehrmals blickte er zurück, doch da war niemand außer ihm.

Am Abend des ersten Tages kehrte Jake in einer der Pilgerherbergen ein. Er bekam ein Bett zugewiesen, und zum Abendessen gab es einen Eintopf. Todmüde sank er in das Bett und ließ in Gedanken den Tag an sich vorbeiziehen. Wenn er ehrlich war, bereute er es, diese ganze Sache überhaupt angefangen zu haben. Er hätte sich einfach umbringen sollen und fertig.

Jake fand keinen Schlaf und lag hellwach in seinem schmalen Bett. Mit anderen Menschen, die husteten und schnarchten, konnte er einfach nicht in einem Raum schlafen. Sehnlichst wünschte er den Morgen herbei, und als endlich die Dämmerung anbrach, stand er auf. Doch leider musste er feststellen, dass sich vor dem Waschraum bereits eine lange Warteschlange gebildet hatte. In aller Eile packte er seine Sachen zusammen, nahm Brot und Käse, die man ihm reichte, und verließ die Unterkunft.

Eine kleine Gruppe Pilger hatte sich draußen zusammengefunden, um den Morgen mit einem Lied zu begrüßen. Auch das noch! Ohne stehen zu bleiben marschierte er an ihnen vorbei.

Seine Muskeln schmerzten von den vielen Kilometern, die er am Tag zuvor zurückgelegt hatte, und seine Schultern von der Last, die sie zu tragen hatten. Ungeachtet dieser Einschränkungen war er fest entschlossen, seinen Weg fortzusetzen. Wie gewöhnlich war es allein diese Entschlossenheit, die ihn antrieb.

„Ich werde heute wandern. Ich werde einen Fuß vor den anderen setzen. Ich werde nicht nachdenken. Ich werde nichts fühlen. Ich werde einfach einen Fuß vor den anderen setzen."

Das Lied der Pilger verklang hinter ihm und brachte ihn zurück in die Zeit, als er selbst noch hatte glauben können. Gott hatte ihm alles bedeutet. Als Schüler hatte er Jesus auf einer Sommerfreizeit kennengelernt und ihm sein Leben übergeben.

Dieser Augenblick hatte sich tief in sein Gedächtnis eingeprägt, und auch wenn viele andere Erinnerungen aus seiner Teenagerzeit verschwommen oder unvollkommen waren, so war dieses Ereignis doch noch so lebendig, als wäre es gestern gewesen.

Der Jugendpastor hatte am Abend am Lagerfeuer unter freiem Himmel von Gott erzählt und davon, wie sehr er alle Menschen liebe. Diese Liebe hatte Jake tief berührt, und in diesem Augenblick veränderte sich sein Leben. Er war ganz sicher gewesen zu wissen, dass Gott da war und einen wunderbaren Plan mit seinem Leben hatte. „Ich gebe alles hin", hatte er gesungen, und jedes Wort ernst gemeint.

Der steile Pfad führte weiter bergan. Niemand war in der Nähe, doch wieder hatte er das Gefühl, dass ihm jemand folgte. Wurde er vielleicht langsam verrückt? Er musste sich auf den Weg konzentrieren und durfte nicht mehr nachdenken. Schon gar nicht über dieses Glaubenszeug.

Ein junges Pärchen überholte ihn. Die beiden hielten sich an den Händen und lachten miteinander. Oh ja, die Liebe war eine Himmelsmacht. Als Jake June kennengelernt hatte, war das einer der großen Augenblicke seines Lebens gewesen. Alles schien perfekt zu sein. Mit ihren braunen Locken und den Blumenkleidern, die sie so liebte, war sie wunderhübsch, dazu lebhaft, humorvoll und zärtlich. Er hatte sich schnell und heftig in sie verliebt. Ihr Glück schien vollkommen zu sein. Wie hatte er sie nur verlieren können?

Der Weg führte durch eine Baumgruppe. Jake blieb einen Augenblick im Schatten stehen und ruhte sich aus. Als er damals die Stelle in Brownstone bekommen hatte, sah er das als Führung Gottes an. Er würde seine Frau versorgen und ihr alles geben, was sie sich wünschte. Mit seiner ganzen Kraft stürzte er sich in die Arbeit. War das nicht, was Gott von ihm erwartete? Ehrliche Arbeit, eine gute Ehe, später eine Familie ... Jede Entscheidung schien von Gott geführt zu sein, und nach und nach hatte er sich sein Leben aufgebaut. Dachte er.

Der Tag zog sich endlos hin. Er wanderte allein, und der Weg wand sich immer höher hinauf in die Berge. Immer noch hatte er das Gefühl, dass jemand hinter ihm war. Mehrmals blieb er stehen und drehte sich um, doch da war niemand.

In der Stille nahm er Dinge wahr, die er in den Tagen zuvor nicht bemerkt hatte. Der Duft der Tannennadeln, die Gesänge der Vögel. Einen der Vögel, die er in den Bäumen entdeckte, kannte er aus seiner Kindheit in Lancaster. Es war irgendein Häher. Ein kleiner brauner Vogel hockte in einem Busch voller Beeren und sah ihn an.

Ein Spatz, dachte er. Er beobachtete, wie der Spatz eine Beere abpickte und sich auf einen Ast flüchtete, um sie zu verspeisen. Die Einfachheit des Vogellebens sprach ihn an. Ein Vogel musste sehen, wie er an etwas zu fressen kam, aber das war es auch schon an Anforderungen. Vögel lebten mit anderen Vögeln zusammen, aber in Harmonie, nicht in Abhängigkeit. Sie lebten einfach zusammen. Warum konnte es nicht auch in der Welt so sein?

„Selbst der Spatz hat ein Haus gefunden." Dieser Vers aus der Bibel fiel ihm ein, aber er verdrängte ihn schnell wieder. Keine Bibelverse mehr. Mit Gott und diesem ganzen Bibelkram war er fertig.

Er überholte zwei ältere Frauen, die sich schwer auf ihre Wanderstäbe stützten und nur langsam vorankamen. Freundlich nickte er ihnen zu. Sie nickten zurück, und er hatte nichts dagegen, dass sie eine Weile in seiner Nähe waren. Aber reden wollte er nicht.

In jener Nacht hatte er ein Einzelzimmer in einer kleinen Pension. Er rollte sich in seinem Schlafsack zusammen und starrte durch das kleine Fenster auf die Mondsichel am Himmel. Endlich würde er in Ruhe schlafen können.

Doch wenige Stunden später war er schon wieder wach. Das prickelnde Gefühl, nicht allein zu sein, war keinen Moment von ihm gewichen. Vielleicht war in der Nacht noch jemand ins Zimmer gekommen.

„Hallo?“, rief er.

Keine Antwort.

Der Schlaf wollte sich nicht mehr einstellen. Er gab es auf und machte sich früh am Morgen wieder auf den Weg.

Er konzentrierte sich darauf, einen Fuß vor den anderen zu setzen, und das gelang ihm verblüffend gut; sein Geist war leer.

Eine Frau mit einem großen Kreuz um den Hals hatte auf einem großen Felsbrocken Rast eingelegt. Die Frau blickte Jake nicht an, aber streckte deutend den Arm aus. „Das Steintal.“

Fasziniert wanderte Jakes Blick hinüber zu der Senke voller Steine, Tausende und Abertausende Steine. Einige größere standen isoliert, andere waren zu kleinen Türmen geschichtet.

„Die Steine stehen für den Schmerz“, erklärte die Frau, die ihn immer noch nicht ansah. „Die Pilger lassen sie hier zurück, um das Ende des Schmerzes und den Beginn des Lebens zu symbolisieren.“

Und für mich, dachte Jake, *wird hier beides zu Ende gehen.*

„Haben Sie einen Stein mitgebracht?“, fragte die Frau, und jetzt schaute sie ihn doch an. „Jeder lässt hier etwas zurück.“

Jake schüttelte den Kopf. Er beobachtete, wie die Frau aufstand, einen kleinen weißen Stein auf einen der Stapel legte und ihren Weg dann fortsetzte.

Unter einem hohen Baum machte er Rast. An seinen rauen Stamm gelehnt ließ er seinen Blick über die Landschaft schweifen. Überall lagen Steine aufeinandergeschichtet. Manchmal nur zwei, manchmal mehrere, ausbalanciert und stabil.

Der Mensch muss überall sein Zeichen hinterlassen, dachte Jake. *Vielleicht ist es aber auch einfach das Bedürfnis des Einzelnen, bemerkt zu werden.* Er dachte an seine eigenen Bemühungen, Aufmerksamkeit und Anerkennung zu bekommen – getrieben von dem Wunsch, jemand zu sein, etwas darzustellen. Und was hatte es ihm gebracht? Nichts.

Er beobachtete, wie eine junge Frau einen kleinen Stein vorsichtig auf einen großen flachen Stein legte. Ein älteres Ehepaar hatte zwei türkisfarbene Steine mitgebracht. Schweigend, vielleicht auch im Gebet versunken, blieben sie kurz stehen, bevor sie ihren Weg fortsetzten.

Steine aus der ganzen Welt lagen dort. Tausende zurückgelassener Schmerzen und Probleme. Bürden, die zu schwer gewesen waren, um sie weiterzutragen. Ob die Menschen sie wirklich hier zurücklassen konnten? Hatten sie Befreiung von ihren Lasten erlebt?

Die Dunkelheit brach an, und Jake schloss die Augen. Er fühlte in seiner Tasche nach dem Pillendöschen und fand es. Heute Nacht würde er draußen unter den Sternen schlafen. Und bei Tagesanbruch würde er es tun – die Tabletten schlucken und für immer einschlafen.

In der Nacht spürte Jake erneut diese seltsame Gegenwart. Er ignorierte sie und starrte hinauf in den Himmel. Die Sterne waren unglaublich. Unendlich viele Sterne. *Die Himmel erzählen die Ehre Gottes*, ging es Jake durch den Kopf, bevor er sich Einhalt gebieten konnte.

„Lasst mich in Ruhe!“, schrie er in die Nacht und zu den Sternen hinauf. „Lasst mich doch einfach in Ruhe.“

Er erhob sich und starrte zum Himmel hoch. Die Stille und die überwältigende Schönheit der Sterne rührten ihn an. Und die Worte des Psalms, den er in seinem Hotelzimmer gelesen hatte, drängten sich wieder in sein Bewusstsein: *Und ob ich schon wanderte im finsteren Tal …*

„Hier bin ich, im finsteren Tal!", rief er. „Und bist du etwa bei mir? Bist du jetzt bei mir? Wo warst du die ganze Zeit? Interessiert es dich überhaupt, was mit mir passiert?!"

Der Mond schien stoisch auf den Weg. Erschöpft sank Jake auf die Knie und weinte. „Warum, Gott? Warum hast du mich so im Stich gelassen? Wie konntest du mir das antun?"

Es kam keine Antwort. Da waren nur die Sterne und der Mond und die Steinhaufen und die Worte in seinem Geist. *Und ob ich schon wanderte im finsteren Tal …*

„Du hast mich im Stich gelassen! Du hast mich verlassen!", schrie er in die Leere hinein. Die Stille verstärkte seinen Zorn noch. „Willst du mir noch nicht einmal antworten?", rief er zum Himmel gewandt.

Stille. Nur die funkelnden Sterne. Plötzlich fühlte er sich so klein. Ein winziger Mensch im unendlichen Universum. Die unzählbaren Sterne, Galaxien und das Universum zeugten von der Größe Gottes, und Jake war ein Staubkorn im Vergleich dazu. Was wusste er denn schon?

Die Erinnerung an jenen Abend überfiel ihn, an den Abend, an dem er Gott gebeten hatte, in sein Leben zu kommen. Gott hatte ihn durch die Worte des Jugendpastors angesprochen, und damals war ihm seine Liebe so real erschienen. Genau wie heute hatten auch an diesem Abend die Sterne am Himmel gefunkelt, als wollten sie ihm persönlich einen Gruß zuzwinkern.

Was hatte sich eigentlich verändert seit diesem Abend? Hatte Gott ihn wirklich verlassen? *Jetzt mal ehrlich, Jake.* Gott hatte ihm genau genommen nicht nahegelegt, diesen Job anzunehmen oder an den Wochenenden zu arbeiten, auf den Urlaub zu verzichten oder seine Frau zu vernachlässigen. Vielleicht hatte er einfach selbst ein paar Fehlentscheidungen getroffen.

Nach all diesen Jahren strahlten die Sterne immer noch am

Himmel und boten ihm Liebe an. In seinem tiefsten Tal war Gott immer noch da.

Wie erbärmlich er gewesen war. Er rannte vor dem Leben und vor Gott davon und jetzt wollte er ihm auch noch ein vorzeitiges Ende setzen. Gott hatte ihn nie verlassen. *Er* hatte *Gott* verlassen. Diese Erkenntnis trieb ihm die Tränen in die Augen.

Sein Zorn verflog, und lange Zeit saß er da und blickte hinauf in den Himmel. „Ich gebe dir alles hin", sagte er schließlich leise und wiederholte damit die Worte, die er als junger Mann gesungen hatte.

Langsam legte sich die geheimnisvolle Gegenwart, die ihm schon seit Tagen, vielleicht sogar seit Jahren, folgte, um ihn und hüllte ihn ein, breitete sich um seine müden Schultern wie ein Schal. Jake sank in den Frieden Gottes und schlief ein.

Der Morgen brach an. Am Horizont ging die Sonne auf, und ihre Strahlen wurden von den Steinen im Tal reflektiert. Jake hatte viel über Gott gelernt, aber er hatte ihn nicht richtig gekannt … bis jetzt.

Er suchte sich einen großen, handfesten, flachen Stein aus und legte ihn an der Stelle nieder, an der er gelegen hatte.

„Gott", sagte er, „von jetzt an sollst allein du mein Fundament sein, nichts sonst!"

Anschließend nahm er einen kleineren, glatten Stein und legte ihn auf den anderen Stein. „Bei dir finde ich Ruhe und Erfüllung, Gott. Nicht durch meinen Job oder meinen Vorgesetzten, sondern allein bei dir."

Er suchte noch einen dritten Stein, einen kleinen, wunderschönen, runden Stein, und legte ihn auf die anderen beiden. „Danke für June. Du hast mir meine Frau geschenkt. Wenn es möglich ist, werde ich unsere Beziehung in Ordnung bringen. Wenn nicht, werde ich sie loslassen."

Sein Blick wanderte über das Steintal der Not und des Schmerzes hinweg, über die unzähligen kleinen Türme, die für unzählige Bedürfnisse standen. Ihn rührten diese Türme aus Stein und die Hoffnung suchenden Menschen, für die sie standen. Jeder suchte nach jemandem, der ihm Hoffnung geben konnte.

„Ich werde gehen, wohin du mich sendest."

Der Psalm, den er im Hotelzimmer gefunden hatte und der ihn so zornig gemacht hatte, stand ihm wieder vor Augen. Durch ein Blatt Papier in einem heruntergekommenen Hotelzimmer hatte Gottes Wort ihn erreicht und ihn daran erinnert, dass er nicht allein war.

Er nahm die Tablettendose aus seinem Rucksack. Hier, an diesem Ort und an diesem Tag, hatte er sein Leben beenden wollen. Jake öffnete die Dose und schüttete die Tabletten in seine Hand. Die kleinen weißen Kreise leuchteten ihm entgegen.

„Gott, ich gebe alles hin", sagte er. „Ich gebe dir meine Vergangenheit, meine Enttäuschungen und meine Fehlentscheidungen."

Er erinnerte sich an seinen Wunsch, Pastor zu werden, seine Ausbildung im Seminar, seine Ordination und seinen Ruf an die Brownstone Church. Die Ablehnung durch die Gemeinde hatte sehr wehgetan; die Kündigung durch den Seniorpastor Arthur hatte ihn zutiefst getroffen.

„Ich gebe dir meine Gegenwart."

Jake dachte an diese Reise, den Wunsch zu sterben und seine Entscheidung zu leben. In einer fließenden Bewegung schleuderte er die Tabletten auf die Wiese.

„Ich gebe dir meine Zukunft."

Die vielen Menschen, die ohne die Liebe Gottes lebten, standen ihm vor Augen. Ihm war ein Neuanfang geschenkt worden. Er spürte, wie ihn beim Gedanken daran, die Botschaft von der Liebe Christi zu Menschen in Not zu bringen, neue Kraft durchströmte.

Pastor Jake Ford hob seine Arme zum Himmel und sagte: „Ehre sei Gott, von dem aller Segen kommt."

Entschlossen nahm er seinen Wanderstab in die Hand und marschierte auf das kleine Dorf zu, das er in der Ferne sehen konnte. Tief atmete er die frische Morgenluft ein. Alles hatte sich verändert. Er wollte jetzt leben. So bald wie möglich würde er June anrufen und ihr alles erzählen.

Gott war bei ihm, und sein Leben lag vor ihm.

Kapitel 8

… fürchte ich kein Unglück …

Nervös blickte Mara aus dem Fenster von Johnnys Tattoo-Studio. Auf diesem Metallstuhl, in ein vom häufigen Waschen weich gewordenes Laken gehüllt, fühlte sie sich verletzlich. Das Laken war wie eine römische Toga um ihre rechte Seite drapiert und ließ ihren linken Arm und den oberen Teil des Rückens frei. Sie schob ihren Stuhl ein Stück zurück, sodass sie von den Passanten auf der Straße nicht gesehen werden konnte. Obwohl sie eigentlich nur von einem Passanten nicht gesehen werden wollte. Von Lobo.

In diesem kleinen Laden in der Nähe der Docks von Barcelona würde er vermutlich nicht nach ihr suchen, aber sicher war das nicht. Lobo war schlau, und was Menschen betraf, besaß er einen sechsten Sinn.

Sie zitterte. Im Studio war es kühl. Sie griff nach ihrem Schal, wickelte ihn um ihre Schultern und atmete tief durch. Der Geruch nach Latex und Adstringent war nicht unangenehm und sogar irgendwie tröstlich, doch er konnte die Angst, die sich in ihr ausbreitete, nicht besänftigen – die Angst vor dem Bösen. Lobos ganz besonderer Art von Bösem.

Rockmusik plärrte aus den Lautsprechern, und sie bekam mit, wie Johnny, der Inhaber des Studios und Tattookünstler, im hinteren Teil des Raums telefonierte.

Beziehungsprobleme, dachte sie. Wie gut sie das verstand. Sie berührte die Wunde an ihrer Wange und erinnerte sich an den Schmerz, der explodiert war, als Lobos Faust sie traf.

„Möchtest du etwas zu trinken?“, rief Johnny.

„Nein.“

In Maras Geist lauerte eine Frage, die von Minute zu Minute drängender würde. Es war eine Frage, die sie sich im Laufe des vergangenen Jahres immer und immer wieder gestellt hatte. Bald würde sie die Antwort wissen. Ihr Blick wanderte zur Uhr an der Wand. 9:15 Uhr. Um 11:15 Uhr musste sie an Bord des Schiffes gehen. In zwei Stunden würde sie die Antwort auf ihre Frage haben: Würde sie es schaffen, Lobo zu verlassen? Würde sie das tatsächlich durchziehen? Oder würde sie doch wieder einknicken und zu ihm zurückrennen, hoffentlich bevor er merkte, dass sie fort gewesen war?

Energisch schob Mara die Gedanken an Lobo beiseite. Sie wollte über ihr neues Tattoo nachdenken. Die Auswahl des richtigen Tattoos war für sie immer eine große Sache, beinahe etwas Heiliges, und das gehörte zu den wenigen Dingen, die sie in ihrem Leben richtig gemacht hatte.

Sie strich mit der Hand über ihren rechten Unterarm und berührte den zweiköpfigen Drachen, der Flammen über ihren Arm spuckte – ihr erstes Tattoo. Es stand für ihre Eltern, die sie an ihrem 18. Geburtstag auf die Straße gesetzt hatten. Was sie in ihrem Elternhaus erlebt hatte, konnte sie niemandem erzählen – der Schmerz und die Scham waren zu groß, die Wunden reichten zu tief. Darum zeigte es ihr Körper.

Mama und Papa, dachte sie zynisch, während sie das zweiköpfige Ungeheuer anschaute.

„Schon entschieden, was du nehmen willst?“, rief Johnny.

„Noch nicht.“

Ihr Blick wanderte über die Wände des Studios, die ihr unendliche Möglichkeiten aufzeigten – die Konterfeis von Schauspielern und Musikern, realitätsgetreu oder als Cartoon-

Version, Kätzchen und Grizzlybären, Tierkreiszeichen, Pin-up-Mädchen, Herzen mit Flaggen, auf denen *Mama* stand und unendliche Variationen von Ornamenten und Tribals. Zeitschriften und Bücher mit weiteren Vorlagen türmten sich auf den Tischen.

Die Ladenglocke bimmelte, und Mara sprang von ihrem Stuhl auf und wirbelte zur Tür herum in der Angst, Lobo gegenüberzustehen. Doch es waren nur drei kichernde Mädchen.

„Ich finde das soooo cool", sagte eine.

„Ich bin für SpongeBob."

Kichernd traten sie an die Wand. Doch dann fiel ihr Blick auf Mara, die tintenschwarzen Haare hochgesteckt und ihre helle Haut mit Tattoos bedeckt. Die Augen der Mädchen weiteten sich. Sie tuschelten miteinander, lachten nervös und machten einen großen Bogen um Mara.

Mara ließ sich wieder auf den Stuhl sinken und nahm sich vor, von jetzt an wachsamer zu sein und die Tür besser im Blick zu behalten. Äußerste Vorsicht war geboten. Das Studio hatte eine Hintertür, und sie prägte sich genau ein, welchen Fluchtweg sie nehmen würde, falls Lobo hier auftauchte.

Die drei Mädchen vertieften sich in die Tattoo-Vorlagen, deuteten kichernd mit dem Finger auf die Bilder und stachelten sich gegenseitig zu immer verrückteren Vorschlägen an.

Mara streckte ein Bein aus. Ihre schlanke Fessel kam in Sicht. Eine dunkelgrüne Schlange wand sich um ihren Knöchel und die Wade hinauf. Ihr zweites Tattoo. Wie könnte sie jemandem von ihrem Boss im Café erzählen ... und davon, wie er sie immer berührt hatte, wenn die Kunden fort waren? Er war eine Schlange und das Tattoo stand für ihre Geschichte mit ihm.

Ihr ganzer Körper war mit Tattoos bedeckt, die unausgesprochene Dinge symbolisierten. Oh, sie hätte sie gern ausgesprochen, doch sie fand einfach keine Worte dafür. *Missbrauchsopfer verlieren ihre Stimme*, hatte sie in einem Artikel über Traumata gelesen. Das stimmte.

Und jetzt hatte sie wieder eine Geschichte zu erzählen. Schon wieder standen große Veränderungen in ihrem Leben an. Sie würde Lobo verlassen … vielleicht. Schon einmal hatte ein Mädchen den Versuch unternommen, ihn zu verlassen. Mara hatte gehört, wie er sie aufgestöbert hatte, und sie hatte auch von den hässlichen Spuren seines Zorns gehört. Mara hatte es schon zwei Mal versucht, war jedoch immer wieder zurückgekommen, noch bevor er überhaupt gemerkt hatte, dass sie fort gewesen war.

Welches Tattoo würde die Geschichte ihrer Zeit mit Lobo angemessen symbolisieren? Keine der Vorlagen, die sie bisher gesehen hatte, konnte die Dunkelheit einfangen. Sie hatte sich von seiner Muskelkraft und Stärke angezogen gefühlt. Seine blauschwarze Haut und seine unübersehbaren Muskeln schienen Schutz zu bieten … anfangs. Für sie war er die Verkörperung von allem, was sie sich wünschte, und alle Mädchen waren hinter Lobo her.

Kennengelernt hatte sie ihn im *Silver Bullet*. So ein schöner Mann! Seine dunkle Haut hatte in dem Licht der Barlampen richtig geglänzt. Etwas Düsteres hatte in seinen schwarzen Augen gelauert. Das war ihr aufgefallen, doch sie hatte es eher reizvoll als abschreckend gefunden. Mara hatte ihm einen Drink eingegossen und bemerkt, wie sein Blick über ihren Körper wanderte. Warum hatte sie sich zu ihm hingezogen gefühlt?

„Möchtest du noch etwas anderes?“, hatte sie ihn gefragt.

„Ja“, hatte er mit seiner sexy tiefen Stimme geantwortet und sie vielsagend von oben bis unten gemustert. Nach ihrer Schicht hatte er auf sie gewartet, und seit der Zeit war sie mit ihm zusammen.

Johnny tauchte aus dem Hinterzimmer auf. „Ich bin gleich bei dir“, sagte er zu Mara. Er wandte sich den kichernden Mädchen zu. „Was kann ich für euch tun?“

„Ich möchte ein Tweety Bird.“

„Ray ist unser Spezialist für Tweety Birds“, erwiderte Johnny und rief nach hinten: „Ray.“

Ray kam nach vorn und führte die Mädchen zu dem leeren Stuhl auf der anderen Seite des Raums.

Johnny nahm Platz und rollte mit seinem Hocker zu Mara. Sein weißes T-Shirt und die Jeans waren sauber und er trug einen Irokesenschnitt mit kahl rasierten Seiten. Ein einziges Tattoo, ein kleines schwarzes Kreuz, prangte auf seinem Oberarm. Alle sagten, er sei der Beste.

„Hallo“, sagte er.

Sie mochte seine freundlichen Augen und die entspannte Art, die er ausstrahlte. „Hallo.“

Sie nahm den Schal ab, ließ ihn über die Rückenlehne des Stuhls fallen und senkte den Blick.

Johnny strich über die gezackte Narbe an ihrer Schulter und pfiff durch die Zähne. „Woher hast du denn die?“

Sie zuckte nicht einmal zusammen. „Das war mein alter Herr.“

Johnny stieß erneut einen leisen Pfiff aus. „Das ist ja ein ganz besonderer alter Herr. Du lebst doch hoffentlich nicht mehr bei ihm, oder?“ Er blickte sie ernst an.

Mara schüttelte den Kopf. „Mit achtzehn bin ich ausgezogen. Diese Narbe ist schon ziemlich alt. Ich war erst fünf.“

„Übel.“

Sie nickte. Das konnte sie nicht leugnen, obwohl es ihr eigener Vater war.

„Mara! Aus dem Weg."

Wamm! Die Faust ihres Vater hatte sie voll im Rücken getroffen. „Ich sagte, aus dem Weg!"

Dann hatte er ausgeholt und mit aller Kraft zugeschlagen. Sie wollte seiner Faust ausweichen und war auf den Glastisch gestürzt, der dabei zerbrochen war. Die Glassplitter hatten sich in ihre Schulter gebohrt.

„Hier." Johnny zeigte ihr eine T-förmige Narbe an seiner Stirn. „Das ist meine. Mit freundlichen Grüßen von meinem Bruder."

Ihre Mundwinkel zogen sich in die Höhe. Das war ihre Art zu lächeln. „Auch übel."

„Die hier ist aber noch nicht so alt." Johnny berührte ihre Wange, auf der sich ebenfalls eine Narbe befand.

Mara errötete, brachte jedoch keinen Ton mehr heraus. Johnny ging nicht weiter darauf ein. Er warf einen Blick auf das Formular, das sie ausgefüllt hatte.

„Also, Mara. Dann lass mal sehen, was du bereits hast."

Mara streckte ihre Arme aus. Durch die schwarze Tinte, die ihr linkes Handgelenk und ihren Unterarm verzierte, wirkte ihre Haut noch blasser. Das Spitzenmuster bildete ein dickes Armband aus feinen, miteinander verwobenen Linien, wie hauchdünne Spinnweben, aber sehr deutlich zu erkennen. Das Muster zog sich in anmutigen, schwarzen Wirbeln ihren Arm hoch.

Johnny nickte. „Hübsch. Sieht sehr zart aus."

Die Spitze an ihrem linken Arm stand für eine Rüstung – den Schutz, um den sie nicht bitten konnte. Damals, als ihre Eltern sie hinausgeworfen hatten und sie allein auf der Straße stand, hatte sie sich an ihren Sozialarbeiter gewandt. Doch statt Hilfe hatte sie noch mehr Missbrauch erlebt.

Sie konnte Johnny unmöglich erzählen, dass sie, seit sie denken konnte, in ständiger Angst und mit der Anwesenheit des Bösen gelebt hatte. Diese Tattoos, die fast ihren ganzen Körper bedeckten, waren ein Versuch, der Angst einen Namen zu geben, sie zu binden und sich vor ihr zu schützen.

„Was möchtest du dieses Mal?"

„Ich werde Barcelona heute Abend verlassen … hoffe ich." Sie hielt inne und überlegte, wie viel sie ihm erzählen sollte. „Ich habe als Barkeeperin auf einem Kreuzfahrtschiff angeheuert, weißt du? Ich fange neu an, denke ich, sozusagen. Ich möchte ein Tattoo … das zeigen soll, wo ich in meinem Leben stehe."

Die Kreuzfahrt war wirklich ein Neuanfang. Sie würde alle ihre schlechten Entscheidungen hinter sich lassen. In ihrer Beziehung zu Lobo hatte es nichts gegeben als Heroin und kriminelle Machenschaften.

Heute Morgen hatte sie sich wieder einmal über seinen Drogenkonsum beklagt, und Lobo war wieder einmal böse geworden. „Sag du mir nicht, was ich tun soll. Du bist nichts!" Seine Faust hatte sie unvorbereitet getroffen und zu Boden geschleudert. „Hast du verstanden? Du bist gar nichts!"

Seine Worte bestätigten, was sie bereits wusste. Als sie gehört hatte, dass auf dem Kreuzfahrtschiff Bedienungen gesucht wurden, hatte sie nicht gezögert. Gestern Abend hatte sie sich per Handy beworben und innerhalb von einer Stunde eine Zusage bekommen. Erneut wanderte ihr Blick zur Uhr. Es war jetzt 9:30 Uhr. Noch eine Stunde und 45 Minuten. Wenn es ihr gelang, Lobo so lange aus dem Weg zu gehen, würde sie frei sein.

Eine Welle der Furcht ergriff sie. Wenn er es irgendwie mitbekam, würde er sie töten. Wenigstens würde er sie hier bei Johnny nicht finden … das hoffte sie jedenfalls. Lobo war so verdammt gerissen. Er war allen anderen immer einen Schritt voraus. Sie erschauderte erneut.

Johnny schien das nicht zu bemerken. „Sag mir, was du möchtest und wo."

„Hier." Sie deutete auf eine der wenigen noch freien Stellen auf ihrem Bein. „Kannst du hier etwas hinmachen?"

Johnny rollte mit seinem Hocker näher an sie heran. Seine Hände auf ihrer Haut waren sanft. Sie dachte an den Schmerz, den andere Berührungen ihr gebracht hatten, und auch an die Narbe.

„Sicher. Was für ein Motiv?" Johnny deutete auf einige Vorschläge an der Wand. „Ich könnte ein Schiff und einen Anker tätowieren, wie das hier zum Beispiel – als Symbol für die Kreuzfahrt."

„Nein."

„Ein Martiniglas?"

„Nein."

„Oder vielleicht einen Adler mit ausgebreiteten Flügeln? Für den Neuanfang."

„Nein."

Mara wusste einfach nicht, was sie dieses Mal haben wollte. In der Vergangenheit hatte sie nie Probleme damit gehabt, ein Tattoo auszuwählen, das die Geschichte ihres Lebens erzählte – von der Dunkelheit, dem Schmerz. Die beiden schwarzen Tränen, die aus ihrem Auge tropften, standen für Emmi, ihre Freundin, die sie durch Heroin verloren hatte. Die Feuerbälle auf ihrem Rücken erinnerten an einen zornigen Ex-Freund, der ihr Verbrennungen zugefügt hatte. Und so weiter. Mittlerweile gingen die Tattoos schon ineinander über, und es war kaum noch ein Fleckchen nicht tätowierte Haut übrig.

Einige Tattoos hatte sie sich einfach nur stechen lassen, weil ihr der Schmerz gefiel. Er hüllte sie ein wie eine Decke und erstickte die Erinnerungen und Gedanken, die sie verfolgten, füllte die Leere in ihrem Inneren.

Doch jetzt war Mara bereit für etwas anderes. Dieses Mal musste das Tattoo genau richtig sein.

„Ich nehme die Kette da." Sie deutete auf das Motiv einer groben Kette an der Wand. Das war nicht unbedingt das, was sie sich vorgestellt hatte, aber es schien eine gute Wahl zu sein. Sie trug ihre Fesseln schon so lange, dass sie sie beinahe körperlich spüren konnte. „Kannst du sie um das Bein herumziehen?"

„Ja. Gute Idee."

Er holte seine Instrumente und die Tätowierungspistole und zeigte ihr die sterile Packung mit den Nadeln.

Sie starrte auf die Kette, und ihre Gedanken gingen auf Wanderschaft. Sie hatte es so satt, ständig in Angst zu leben, Schmerz und Böses ertragen zu müssen. War es denn ihr Schicksal, ewig davonlaufen zu müssen? Wie konnte sie es schaffen, die Kette zu zerbrechen?

Ihr Blick wanderte durch den Raum zu der Pinnwand, auf der Fotos von zufriedenen Kunden angeheftet waren, die stolz ihre neuen Tattoos präsentierten. Ein handschriftlich beschriebener Zettel stach zwischen den Fotos hervor.

„*Psalm 23*", las sie. „Wie kommt denn das dort hin?"

Das Blatt Papier war mehrfach zerknittert und wieder glatt gestrichen worden. Darauf standen die in Schönschrift niedergeschriebenen Worte des Psalms.

Johnny zuckte die Achseln. „Ich bin eines schönen Tages einen Bürgersteig in London entlanggegangen, als es einfach vom Himmel fiel."

Sie blickte ihn skeptisch an.

„Okay, jemand hat es vor meiner Nase aus einem Hotelfenster geworfen. Ich dachte, das wäre vielleicht ein schönes Tattoo-Motiv. Die Verse, die Schönschrift und so. Manche Leute mögen so etwas." Er stand abrupt auf. „Ich hole die Vorlage für das Kettenmotiv aus den Akten", sagte er und verschwand im Hinterzimmer.

Während er fort war, nahm Mara den Psalm von der Pinnwand und überflog die Worte.

„... *fürchte ich kein Unglück*", las sie laut. Dann lachte sie.

„Ich habe mich mein ganzes Leben lang vor allem möglichen Unglück gefürchtet. Und das mit Recht!“ Sie las die nächste Zeile. „*… denn du bist bei mir.*“

Das war ein interessanter Gedanke. Sie hatte eigentlich noch nie über Gott nachgedacht. Konnte es sein, dass es einen Gott gab? War Gott in diesen dunklen Zeiten bei ihr gewesen? Sie wünschte, es wäre so. Wobei es dann komisch war, dass er nie irgendetwas getan hatte. War Gott gut? Wenn es nur so wäre … schön war die Vorstellung schon. Andererseits war es leichter, nicht an ihn zu glauben – eine Person weniger, die sie enttäuschen konnte.

Mara starrte den Psalmvers an: *… fürchte ich kein Unglück, denn du bist bei mir.*

Die Türglocke schlug an. Plötzliche Panik umklammerte ihre Brust wie ein Schraubstock, während sie sich vorstellte, wie Lobos dunkle Augen sie wütend anfunkelten und er schrie: „Du bist gar nichts!“

Aber es waren nur die Mädchen, die das Studio verließen. Mara wünschte niemandem diese Art von Furcht. Sie hätte viel darum gegeben, endlich einmal kein Unheil zu fürchten!

Die Psalmworte waren von Hand geschrieben; es schien die Handschrift einer Frau zu sein. Sie dachte über die Frau nach, die diese Worte zu Papier gebracht hatte. Sie musste diesem Psalm ja sehr viel Wichtigkeit beimessen, dass sie sich so viel Mühe damit gegeben hatte, ihn abzuschreiben.

Eine große Sehnsucht stieg bei diesem Gedanken in ihr auf. *Ich würde auch gern glauben – kannst du mir dabei helfen?*, dachte Mara, und im gleichen Augenblick wurde ihr klar, dass das ein Gebet gewesen war. Die Vorstellung, dass sie zu einem Gott betete, an dessen Existenz sie eigentlich gar nicht glaubte, ließ sie lächeln.

„Also gut“, sagte sie in den leeren Raum, und ihre Mundwinkel zogen sich unwillkürlich nach oben. „Ich glaube, dass du existierst. Und jetzt?“

Das Gebet war ein Anfang, und auf eine seltsame Art fühlte sie sich auf einmal ruhiger. Sie atmete tief durch, blieb ganz still sitzen und schaute die Worte auf dem Zettel an. Der ganze Psalm war wunderschön, wie eine zärtliche Umarmung.

Johnny kam zurück, setzte sich und rollte mit seinem Hocker näher. Er hielt das Kettenmuster an ihre Haut. „Ich könnte acht, vielleicht sogar zehn Glieder da hinbekommen.“

„Warte mal.“

Johnny rollte zurück. „Hast du deine Meinung geändert?“

Sie nickte.

„Das ist in Ordnung“, sagte er verständnisvoll. „Du kannst ja einfach ein anderes Mal wiederkommen.“

„Nein, ich will es schon jetzt machen, aber ich habe genug von Ketten und diesem Zeug.“

Er lachte. „Kein Ding. Wir haben genügend Auswahl. Ich kann dir die Kataloge bringen.“

„Nein. Ich will das hier.“ Sie hielt ihm das Blatt hin.

„Den Psalm?“

„Ja.“

„Den ganzen?“

„Nein. Nur diese eine Zeile: *Ich fürchte kein Unglück, denn du bist bei mir.*“

Johnny nickte und vertiefte sich in die Worte. „Ja. Ja, ich sehe das schon richtig vor mir. Eine Schriftrolle mit diesen Worten in einer oder zwei Zeilen. Die Buchstaben sollten nicht zu verschnörkelt sein. Schließlich willst du sie ja lesen können.“ Er strahlte sie an. „Das gefällt mir!“

Sie schenkte ihm ein kleines Lächeln, das dieses Mal ein wenig authentischer ausfiel. „Mir gefällt es auch.“ Und auf einmal war es auch wirklich so. Sie sehnte sich nach diesem Gott, der durch seine Gegenwart ihre Furcht vertreiben würde.

„Kannst du es dorthin setzen?“ Sie zeigte ihm eine neue Stelle.

„Interessante Wahl“, bemerkte er, strich mit dem Finger über die Stelle und untersuchte sie genau. Dann nickte er. „Das wird nicht einfach, aber es ist machbar.“

Er entwarf die Vorlage und zeigte sie ihr, und sie nickte zustimmend.

Ganz vorsichtig rasierte er den Bereich, um die Haut vorzubereiten. Das antiseptische Gel war kühl und beruhigte die Haut. Danach drückte er die Vorlage auf die feuchte Stelle und zog sie sofort wieder ab. Das Bild und die Worte blieben als schwarzer Abdruck zurück.

Johnny machte sich an die Arbeit, ließ sich aber mit den einzelnen Buchstaben viel Zeit. Mara sah im Spiegel zu. Sie beobachtete, wie sich die Nadeln in ihre Haut bohrten und ihre Arbeit taten. Es ging nur langsam voran, aber nach und nach nahm das Tattoo Gestalt an.

Während die Worte zu einem dauerhaften Teil von ihr wurden, spürte sie mehr und mehr die Kraft, die in ihnen steckte. *Ich fürchte kein Unglück, denn du bist bei mir.* Mit Gott an ihrer Seite brauchte sie keine Angst mehr zu haben vor dem Bösen. Denn schließlich war Gott derjenige, der alles geschaffen hatte. Er war mächtig – er besaß mehr Macht als ihr Vater, als ihre früheren Freunde, ihr Arbeitgeber oder alle anderen, sogar mehr Macht als Lobo. Mit Gott an ihrer Seite brauchte sie keine Angst zu haben. Sie war nicht so naiv zu glauben, dass Gott sie vor allen schlechten Dingen beschützen würde – dass die Sache so nicht lief, hatte sie schon mitbekommen. Aber diese abgrundtiefe Angst, die Verlorenheit – die würde es nicht mehr geben, weil sie nicht mehr allein unterwegs war.

Johnny tupfte die letzten Reste der Tinte fort und hielt ihr einen Spiegel hin, damit sie sich sein Werk ansehen konnte. Ihr Spiegelbild hatte sich in mehr als einer Hinsicht verändert. Nicht nur das Tattoo war neu, auch etwas in ihrem Ausdruck. Ein selbstbewusstes Mädchen sah ihr entgegen. Ohne Angst. Sich ihres Wertes bewusst.

Sie betrachtete das Endergebnis. Über ihrer langen, gezackten Narbe prangte jetzt eine Schriftrolle mit den Worten: *Ich fürchte kein Unglück, denn du bist bei mir.*

Die Narbe war verwandelt worden. Nicht mehr sichtbar.

Johnny lächelte. Das Resultat gefiel ihm offensichtlich selbst sehr gut. „Was meinst du?", fragte er.

„Ich fürchte kein Unglück", antwortete sie.

Mut durchströmte sie und noch ein anderes Gefühl, das völlig neu für sie war. Etwas Warmes, wie das Sonnenlicht, und hell und offen und groß. Vielleicht war das Liebe. Gott liebte sie.

Mara sah auf die Uhr. 10:45 Uhr.

„Hast du noch etwas Zeit?", fragte sie.

„Den ganzen Tag."

Nacheinander erzählte sie Johnny ihre Geschichten, angefangen mit dem ersten und immer weiter, eine traurige Story nach der anderen, bis sie beide die Tränen nicht mehr zurückhalten konnten. Es tat unglaublich gut, sich alles von der Seele zu reden. Mara war ganz überwältigt von dem, was dieses Erzählen in ihr auslöste und auch bei Johnny bewegte es etwas.

Johnny wischte sich die Augen ab, als er ihr den Psalm reichte. „Mannomann. Du hast mich in ein großes, butterweiches Marshmallow verwandelt."

„Ich glaube, du warst schon vorher ein großes Marshmallow, nur von außen hat man es nicht so gesehen", sagte sie grinsend und drückte ihm einen Kuss auf die Stirn.

„Hier, behalte den Zettel mit dem Psalm. Ich glaube, er sollte mit dir weiterziehen." Er reichte ihr das Blatt. „Und er ist ein Gutschein für das nächste Mal."

Mara lächelte ihn an. Und dieses Mal verzog sich ihr Mund zu einem richtigen, strahlenden, breiten Lächeln. „Danke. Ich glaube irgendwie nicht, dass es ein nächstes Mal geben wird. Aber den Psalm nehme ich gern. Bestimmt gibt es dort draußen jemanden, der ihn braucht."

Der Gedanke, dass noch mehr Menschen dort draußen waren – andere Frauen –, denen dieser Psalm helfen könnte, gab ihr noch mehr Kraft. Auch sie brauchten den Trost und die Gewissheit, dass Gott bei ihnen war.

Mara ließ den Schal auf dem Stuhl liegen und ging zur Ladentür. Sie blickte hinaus ins Sonnenlicht. Irgendwo da draußen war Lobo und lauerte vermutlich schon auf sie. Aber sie hatte keine Angst mehr. Der kleine Zipfel Mut in ihr wurde stetig größer. Sie stieß die Tür auf und trat nach draußen auf die Straße.

Hoch erhobenen Hauptes eilte Mara in Richtung Hafen. Für den Augenblick war die Furcht in ihr komplett verschwunden. Es war auch kein Schmerz mehr da, nur noch Wärme. Sie würde noch einmal ganz neu anfangen, mit Gott. Sie spürte, dass es schon begonnen hatte. Sie konnte die Furcht zurücklassen und weitergehen.

Und dann entdeckte sie ihn – Lobo, der mit diesem zornigen Ausdruck auf seinem Gesicht die Geschäfte absuchte. Bestimmt war er auf der Suche nach ihr. Sie blieb kurz stehen und starrte ihn an. Sein Zorn war selbst auf die Entfernung beinahe körperlich spürbar, sein Gesicht wutentbrannt verzogen, seine Fäuste geballt, als wollte er jeden Augenblick zuschlagen. In ihren Augen war er jetzt nicht mehr attraktiv; sie sah ihn, wie er war – ein zorniger, böser Mann voller Bitterkeit. Ihr Problem – Lobo – stand zwischen ihr und der Pier. Sie starrte auf ihr neues Tattoo.

„Ich fürchte kein Unglück!“, sagte sie laut. Gott war größer als Lobo. Gott würde mit ihr gehen. Dieses Gefühl gab ihr Kraft, und sie ging weiter.

Bitte stärke mich, Gott, betete sie, während sie einen Fuß vor den anderen setzte. Sie zog nicht den Kopf ein, versteckte sich nicht hinter den Passanten und suchte auch keine Zuflucht in den Geschäften.

Diesen neuen Mut konnte sie nicht erklären. Gott war bei ihr; dessen war sie sicher. Er würde sie beschützen.

Als sie sich Lobo näherte, betete sie: *Gott, ich will mich nicht fürchten, denn du bist bei mir. Ich fürchte kein Unglück, denn du bist bei mir.*

Lobo blieb mitten auf der Straße stehen und blickte suchend nach rechts und nach links. Weiter betend ging Mara auf ihn zu. Sie sah seine blitzenden Augen, seine Halsvenen, die stark hervortraten. Sie war nur wenige Meter von ihm entfernt, aber er sah sie ganz offensichtlich nicht. Er schien überall hinzuschauen, nur nicht zu ihr hinüber.

Das laute Heulen der Schiffssirene rief die Passagiere an Bord. Sie atmete tief durch und ging um Lobo herum. Im Vorbeigehen roch sie seinen Zorn, spürte seine finstere Aura. Er drehte den Kopf zu ihr, doch seine Augen waren irgendwie leer und blickten geradewegs durch sie hindurch.

Mara ging immer weiter, ohne zurückzublicken. Erst vor der Pier blieb sie stehen. Als sie sich umdrehte, tauchte Lobo gerade in der Menge unter.

Mara wandte ihr Gesicht dem Himmel zu und lächelte. Noch nie war ihr der Himmel so blau erschienen, die Sonne so strahlend oder die Wolken so groß und weiß.

„Danke“, flüsterte sie. Dann eilte sie über die Pier ihrem neuen Leben entgegen: Verwandelt, geliebt und ohne Angst.

Kapitel 9

Dein Stecken und Stab trösten mich.

Der Startschuss fiel. Tausende Füße setzten sich gleichzeitig auf dem Asphalt in Bewegung. Der *Invitational Marathon* in Rom hatte begonnen.

Kioni fand rasch ihren Rhythmus. Die Frontläufer rannten gemeinsam – Kioni aus Kenia, zwei Mädchen aus den Vereinigten Staaten, eine aus Italien und eine Deutsche. An den Seitenlinien drängten sich die Zuschauer, die sie anfeuerten und die Flaggen der unterschiedlichsten Länder schwenkten.

„Los, Kioni. Los, mein Mädchen. Lauf für Kenia!", feuerte Schwester Immaculata sie an.

Normalerweise nahm Kioni die Zuschauer nicht wirklich wahr, wenn sie im Rennen war, aber Schwester Immaculata war schwer zu übersehen. Ihr umfangreicher Körper nahm zwei oder drei Plätze auf der Bank ein, und mit ihren dicken Armen fächelte sie sich mit einem Blatt Papier unentwegt Luft zu, um sich ein wenig Kühlung zu verschaffen. Im Rhythmus ihrer Anfeuerungsrufe schwenkte sie außerdem ihren Gehstock. Es war nicht irgendeine beliebige Krücke, sondern ein knorriger Stock aus dem afrikanischen Busch.

Die erste Meile lag hinter ihr. Kioni war jetzt richtig im Fluss, ihre Beine bewegten sich mit der Präzision und Regelmäßigkeit eines Uhrwerks. *Jetzt sind es nur noch fünfundzwanzig Meilen.*

Ihre Gedanken gingen auf Wanderschaft. Die Straßen von Rom verschwammen vor ihren Augen, und plötzlich rannte sie über die staubige Piste zu Hause in Kenia – die sechsundzwanzig Meilen lange Strecke, auf der sie immer trainierte. Das Grün des wunderschönen Great Rift Valley verdrängte das Grau der Stadt. In ihren Gedanken war es früher Morgen in Afrika, und die große orange Sonne stieg am Horizont auf. Die Erinnerung an Afrika brachte ihr ein warmes Gefühl in der Bauchgegend. Trost und Zuflucht.

Der Zettel, der in der hinteren Hosentasche ihrer Shorts steckte, brachte ihr ebenfalls Trost. Sie hatte ihn von einem kleinen Jungen auf der Straße bekommen.

„Bekomme ich bitte ein Autogramm?“, hatte er ihr zugerufen, als sie gemeinsam mit den anderen Läufern aus dem Bus gestiegen war, der sie zum Stadion gebracht hatte.

„Kein Papier“, hatte Kioni geantwortet und ihre Hände in die Höhe gehalten.

Der Junge drängte sich durch die Menschenmenge auf dem Bürgersteig, bis er jemanden fand, der ihm ein Stück Papier gab. Es war ein am ganzen Körper tätowiertes Mädchen. Der Junge reichte Kioni triumphierend das Blatt. Doch während sie noch nach einem Stift suchte, kam Bewegung in die Menge und sie wurde gemeinsam mit den anderen einfach Richtung Stadion geschoben, ohne sich dagegen wehren zu können.

Kioni hielt das Blatt Papier fest umklammert und verrenkte sich den Hals, um Blickkontakt mit dem Jungen zu halten. „Warte hinterher auf mich“, hatte sie gerufen, und mit lächelndem Gesicht hatte er genickt.

Als sie den Zettel auseinandergefaltet hatte, hatte sie gesehen, dass darauf handschriftlich der Psalm 23 stand. Genau der Trost, den Kioni jetzt brauchte, für diesen Wettkampf, ganz besonders wenn sie an das deutsche Mädchen dachte, das das Zeug dazu hatte, ihr den Sieg wegzuschnappen.

Dein Stecken und Stab trösten mich. Kioni wusste gut über diese Werkzeuge eines Hirten Bescheid. In Kenia hatten die Viehhirten auch immer solche Stöcke dabei. Einen mit einem

Widerhaken, der dazu diente, Schafe vor gefährlichen Abgründen zurückzuhalten oder einzufangen, wenn sie sich zu weit von der Herde entfernt hatten. Und einen starken, stabilen Stab, der als Waffe gegen angreifende Raubtiere verwendet wurde. Manchmal auch beides in einem. Und sie musste auch an Schwester Immaculatas Krückstock denken. In vieler Hinsicht war er wie ein Hirtenstab, der Kioni und die anderen Mädchen im Waisenhaus führte und schützte …

Einige der langsameren Läuferinnen begannen zurückzufallen, aber Kioni war noch bestens dabei. Zusammen mit den Amerikanerinnen und der Italienerin führte sie die Läuferinnen an, dicht gefolgt von der Deutschen, die etwas zurücklag. Das war eine Taktik. Manche Läufer ließen sich so weit zurückfallen, dass man in ihnen keine Konkurrenz sah. Sie ließen von den Vorweglaufenden die Arbeit machen, sparten ihre Kräfte auf, und am Ende zogen sie an einem vorbei.

Kioni verdrängte diese Vorstellung. Es war nicht ihre Sache zu überlegen, was die anderen machten. Sie musste sich allein auf ihren Lauf, ihre Kräfte und ihre Einstellung konzentrieren.

Sie hatte schon beinahe die fünfte Meile zurückgelegt. Wo wäre sie jetzt, wenn sie auf ihrer Strecke in Kenia unterwegs wäre?

Ah. Der hoch gelegene Weg. Sie wäre auf dem Weg auf das kleine Plateau hinter dem Dorf, der sich durch das dichte Gras schlängelte. Das war die Stelle, an der sie Runo zum ersten Mal gesehen hatte. Er hütete die Schafe seines Vaters und hatte hoch aufgerichtet dagestanden, seinen Hirtenstab in der Hand, und über die Ebene geschaut. Ihr Herz hatte schneller geschlagen, als sie sich dem gut aussehenden jungen Mann genähert hatte.

Sie war so auf ihn fixiert gewesen, dass sie beinahe in die

Elefantenherde hineingerannt wäre, die ihr den Weg versperrten. Dass sie hier waren und nicht weiter unten am Fluss, wo sie ihren Durst stillten, war ungewöhnlich. Der große Bulle, der die Herde anführte, war aufgebracht, er stellte drohend die Ohren auf und stampfte mit den Füßen – zuerst dachte Kioni, dass ihr plötzliches Auftauchen daran schuld war, doch dann wurde ihr klar, dass es einen anderen Grund geben musste. Kioni hatte sich vorsichtig umgesehen, um festzustellen, was ihn so erregte.

Da – eine Kobra wand sich am Wegrand entlang. Vermutlich hatten die Erschütterungen der trampelnden Elefantenfüße sie von ihrem ursprünglichen Kurs abgebracht. Nun kam sie in erstaunlicher Geschwindigkeit auf Kioni zu und war offensichtlich in Angriffsstimmung. Ihr Kopf zuckte vor; Kioni sprang blitzschnell zur Seite, doch sie wusste, dass die Schlange um ein Vielfaches schneller war als sie selbst. Noch bevor die eisige Panik ganz von ihr Besitz ergreifen konnte, war Runo bei ihr gewesen und hatte die Schlange mit seinem Stab getötet. Der Schrecken war vorbei, bevor er noch begonnen hatte.

Kioni hatte ihn mit offenem Mund und weit aufgerissenen Augen angestarrt. „Du hast die Schlange getötet“, stellte sie dann wenig geistreich fest.

Er lächelte und zeigte seine ebenmäßigen weißen Zähne. „Die Elefanten hatten längst gesehen, was du nicht sehen konntest.“

Und dann lachte er, und sie stimmte in sein Lachen mit ein, und das war der Augenblick gewesen, in dem sie sich in ihn verliebt hatte.

Kioni ließ die fünfte Meile hinter sich. Sie stellte sich vor, dass sie durch das goldene Gras Afrikas lief, und ihr Herz schlug im Einklang mit dem Rhythmus ihrer Beine.

„Los, Kioni!“, hörte sie Schwester Immaculatas Stimme. Die Schwester wartete an der 5-Meilen-Marke. Die 26 Meilen lange Strecke führte zweimal am Stadion vorbei, und die Schwester hatte offensichtlich vor, beide Male ganz vorne zu sein, wenn Kioni vorbeikam.

„Lauf, Kenia!“

Ganz flüchtig erhaschte Kioni einen Blick auf die Schwester, die ihren Stock schwenkte.

Als sie ins Stadion hineingegangen waren, hatte Schwester Immaculata mit ihrem Stock wahrhaftig die Menschenmenge geteilt. „Macht Platz!“, hatte sie mit Donnerstimme gerufen. „Macht Platz für Kenia.“

Kioni hatte in sich hineingelacht. „Wie Mose, der das Rote Meer teilte … nur dass Schwester Immaculata nicht mal göttliche Unterstützung dazu braucht!“

Der Wettkampf ging weiter. Auf den Straßen Roms drängten sich die Zuschauer, und die Läuferinnen, die mit ihr zusammen die Gruppe anführten, wurden immer weniger – jetzt waren es nur noch die beiden Amerikanerinnen, die Italienerin und die Deutsche. Die Deutsche hielt sich immer noch etwas hinten; sie würde wohl wirklich erst am Ende richtig losspurten, wie Kioni vermutet hatte. *Denk jetzt nicht an das Ende, nur an die nächste Meile. Nur so kannst du siegen … immer eine Meile nach der anderen.*

Kionis Gedanken wanderten wieder zurück nach Afrika. Wie anders es war, dort zu laufen. Ihre nackten Füße trommelten in gleichmäßigem Rhythmus über die trockenen, staubigen Wege und manchmal war sie tatsächlich gemeinsam mit Antilopen und Gazellen gerannt, eins mit den herrlichen Tieren und der Natur um sie her, beflügelt von ihrer Schönheit und Kraft.

Die 10-Meilen-Markierung rückte näher. Auf ihrer Trainingsstrecke in Afrika würde nun ein kleines Dorf auftauchen, der Ort, an dem Kioni beschlossen hatte, Runo zu heiraten.

Runo und Kioni und einige der Mädchen aus dem Waisenhaus hatten das Dorf aufgesucht, um Nahrungsmittel zu besorgen. Vor dem Dorfladen, in dem man auch essen konnte, hatte sich eine Menschentraube gebildet. Als Kioni und die anderen näherkamen, sahen sie, was alle so faszinierte – ein kleines Fernsehgerät, in dem eine Parade übertragen wurde. Prächtig geschmückte Festwagen rollten vorüber, dann eine Trommlergruppe, weitere Festwagen und eine Blaskapelle. Die Majoretten wirbelten ihre Stäbe, warfen sie hoch in die Luft und fingen sie mit eleganter Präzision wieder auf. Kioni und die anderen Mädchen sahen dieser fremdartigen Vorführung vollkommen fasziniert zu.

Aus den Augenwinkeln nahm Kioni eine Bewegung wahr – Runo stellte sich vor das Fernsehgerät und hob seinen Stab. Die Blicke der Zuschauer wandten sich vom Fernsehgerät ab und richteten sich auf Runo, der die Majoretten nachahmte und nun ebenfalls seinen Stab kreisen ließ.

„Jaaaa! Los, Runo!", feuerten sie ihn an. Das war noch besser als das Spektakel im Fernsehen! Runo war einer von ihnen, und er beherrschte das Spiel mit dem Stab perfekt.

Plötzlich verlangsamte er seine Darbietung und wandte den Blick zum Himmel. Alle verstummten; Kioni hielt den Atem an. Was tat Runo da?

Erneut wirbelte er seinen Stab herum und schleuderte ihn dann hoch in die Luft. Sich um seine eigene Achse drehend stieg er höher und höher in den blauen kenianischen Himmel, beschrieb einen eleganten Bogen und fiel wieder herunter. Alle sahen fasziniert zu. Die Parade im Fernsehen war vergessen.

Immer noch kreisend bewegte der Stab sich wieder auf sie zu, und alle hofften gegen alle Vernunft, dass Runo ihn erwischen würde. Und kurz bevor er auf dem Boden aufschlug, fing Runo den Stab tatsächlich auf und wirbelte ihn noch dreimal herum. Dann beendete er die Vorführung mit einer tiefen Verbeugung.

Die Freundinnen brachen in Beifallsstürme aus. Und das war der Augenblick, in dem Kioni beschloss, dass sie Runo heiraten wollte.

Er hatte sie schon mehrmals um ihre Hand gebeten, doch sie hatte gezögert. Es gab einige nicht zu unterschätzende Hindernisse, die einer Heirat mit Runo im Wege standen. Im Leben schien es immer eine Menge Hindernisse zu geben. Wie schön es wäre, wenn man sie so leicht aus dem Weg räumen könnte, wie Schwester Immaculata sich mit ihrem Stock in einer Menschenmenge Platz verschaffte!

Applaus ertönte. Kioni passierte die 10-Meilen-Markierung und befand sich wieder in Rom. Sie hatte ihren Rhythmus konstant beibehalten können, ihre Beine fühlten sich stark und unermüdlich an. Sie blieb mit den Frontläuferinnen auf einer Höhe. Eine der Amerikanerinnen fiel ein Stück zurück, die andere Amerikanerin und die Italienerin hielten sich an ihrer Seite. Das deutsche Mädchen konnte sie hinter sich hören. Sie atmete schwer und machte nicht den Eindruck, als wollte sie demnächst zum Überholen ansetzen.

Kioni bewegte sich anmutig und bedachtsam, und sie war sich der Position der Deutschen immer bewusst – Gilda hieß sie. Im vergangenen Jahr hatte Kioni ein unangenehmes Erlebnis mit Gilda gehabt. Auch bei dem Rennen damals hatte sich die Deutsche hinter Kioni gehalten und sich von ihr mitziehen lassen. Das war nicht ungewöhnlich, wenn es auch immer einen leichten Anflug von Unfairness mitbrachte. Doch dann hatte das deutsche Mädchen eine Grenze überschritten – unauffällig hatte sie sich dicht an Kioni herangeschoben, sie am Ellenbogen gepackt und zurückgezogen. Sie war dabei sehr geschickt vorgegangen, sodass es niemand mitbekommen hatte, doch sie hatte Kioni damit völlig aus dem Rhythmus gebracht, den Lauffluss unterbrochen und sich außerdem einige Meter Vorsprung ergaunert. Kionis erhöhte Aufmerksamkeit heute hatte also sehr gute Gründe.

Kioni steigerte ihr Tempo behutsam. Sie hätte jetzt gern die Stimme von Schwester Immaculata gehört, die sie anfeuerte, aber erst bei Meile 20 würde sie wieder auf sie warten.

Mit der 15. Meile kam die Ruhe. Kioni war immer noch voll in ihrem Rhythmus und fühlte sich gut, und sie dachte an Meile 15 in Afrika – die weite Ebene mit den Cherangani Hills, die in der Ferne aus dem Dunst aufragten. Sie und Runo waren in diesen Bergen gewandert, als sie über eine mögliche Heirat und die Hindernisse gesprochen hatten, die ihnen im Weg standen. Nun, eigentlich war es nur ein Hindernis: Runos Eltern.

„Keiner meiner Söhne wird ein Mädchen aus dem Waisenhaus heiraten!“, hatte sein Vater gesagt. „Du wirst ein Mädchen aus einer guten Familie zur Frau nehmen, und du wirst meine Schafe weiden.“ Und das war das Ende der Diskussion gewesen.

Wenn sie heirateten, würde Runos Vater ihn enterben, das hatte er mehr als deutlich gemacht. Runo war zum Hirten geboren, er liebte die Schafe; Kioni konnte ihm das nicht nehmen. In Bezug auf die Schafe besaß er einen sechsten Sinn. Er wusste, wann sie in Schwierigkeiten steckten, was häufig der Fall war; besonders kluge Tiere waren sie wirklich nicht. Viele Nächte schlief er draußen auf der Weide oder am Pferch bei den Schafen, passte auf, dass keines abhanden kam und beschützte sie vor Raubtieren. Wie könnte er die Tiere für sie verlassen – und was würde er stattdessen anfangen? Eine leichte Antwort auf diese Frage gab es nicht.

Die Hitze holte sie nach Rom zurück. Da, eine Wasserstation. Im Vorbeilaufen streckte Kioni die Hand aus und nahm einen Papierbecher mit kühlem Wasser entgegen. Sie trank ihn leer und warf ihn weg, ohne auch nur aus dem Tritt zu kommen.

Bei Meile 18 gab es einen kollektiven Aufschrei im Publikum und einen dumpfen Aufprall. Die Amerikanerin war gestürzt.

Konzentrier dich. Konzentrier dich auf Afrika.

Kioni dachte wieder an ihre Laufstrecke in Afrika, an den großen Banyan, ihren Lieblingsbaum, der anmutig aus der Ebene in die Höhe ragte. Einmal war sie mit Runo bei einem Spaziergang an diesem Baum vorbeigekommen. Damals waren sie so sorglos gewesen, sogar übermütig. Und ganz plötzlich war Runo stehen geblieben. „Oh nein. Ich habe meinen Stab irgendwo liegen lassen."

Kioni und Runo gingen ein Stück zurück, suchten im Gras nach dem Stab, doch plötzlich hielt Kioni inne. Das Gras bewegte sich ... oder war es der Wind? Vielleicht sogar ein Tier, das sich anschlich in der Hoffnung auf ein gutes Abendessen? Sie dachte an die Schlange. Ohne Runos Stab waren sie wehrlos.

„Lass uns zurückgehen", hatte er gesagt, und sie waren eilig aufgebrochen.

Was so ein Stab doch ausmachte. In der einen Minute noch waren sie entspannt und fröhlich gewesen, in der nächsten überwältigt von Angst. Der Stab schenkte ihnen Trost und Sicherheit, wie es in dem Psalm beschrieben war.

Bei Meile 19 spürte Kioni ein Zucken in ihrem rechten Oberschenkel. Muskelermüdung. Die Hitze und die Anstrengung forderten ihren Tribut. Sie dachte an den Zettel in ihrer Hosentasche. Der Psalm. Der Psalm über den Hirten. *Gott ist mein Hirte. Gott hat einen Stab wie Runo.* Würde sein Stab sie auch hier leiten und trösten, so fern von der Heimat? Konnte er sie vor Gilda, dem deutschen Mädchen, schützen?

Kioni drängte weiter. Jetzt waren nur noch wenige Läuferinnen in ihrer Nähe. Das italienische Mädchen war zurückgefallen. Auch die andere Amerikanerin ließ langsam nach, doch noch hielt sie mit. Gilda, die Deutsche, rückte auf. Wie Kolben pumpten Kionis Beine auf und ab, als sie die Entfernung vergrößerte, um ihre Führungsposition zu halten.

An der 20-Meilen-Marke würde Schwester Immaculata warten. Kioni wollte sie sehen. Die Schwester hatte sie immer unterstützt und geliebt. Als ihre eigenen Eltern sie im Stich ließen, hatte die Schwester sie aufgenommen und sich um sie gekümmert.

„Es ist Gott, der für dich sorgt", hatte die Schwester zu ihr gesagt. „Er ist derjenige, der uns beschützt und uns versorgt."

Die anderen Mädchen im Waisenhaus standen Kioni vor Augen. In diesem Augenblick würden sie vor dem Computer sitzen und ihren Wettkampf verfolgen – hoch konzentriert würden sie auf den Bildschirm starren und sich gegenseitig zur Seite schubsen, um noch besser sehen zu können.

Nur noch sechs Meilen.

„Kioni, los, mein Mädchen. Lauf, Kenia. Lauf, Afrika!" Da war wieder Schwester Immaculata, die ihren Stock schwenkte.

In Afrika wäre sie jetzt an der Abzweigung zum Hof von Runos Familie gewesen. Vor ihrem inneren Auge sah Kioni das Tor. An dieser Stelle hatte sie es Runo gesagt. An dieser Stelle war die Entscheidung gefallen. Es war nicht fair, ihn und seine Eltern zu entzweien. Sie hatte ihm mitgeteilt, dass sie ihn nicht heiraten konnte.

An dem Tag, bevor sie nach Italien abgereist war, hatte sie es ihm gesagt. Sehr sorgfältig hatte sie ihre Kleidung ausgewählt, in den Landesfarben Kenias, und ihre Haare frisiert und geölt. Dann war sie zur Farm von Runos Familie gelaufen und hatte am Tor gewartet, bis Runo mit seinen Schafen nach Hause kam.

„Was machst du denn hier? Was ist los?", hatte er mit besorgt gerunzelter Stirn gefragt.

„Ich kann dich nicht heiraten." Rums, da war es heraus gewesen.

„Was? Wieso? Bist du sicher?"

„Ja. Ich kann dich nicht heiraten, wenn deine Eltern nicht damit einverstanden sind."

Ihr Herz hatte sich vor Schmerz zusammengezogen, während sie es sagte, aber es war richtig.

„Das kannst du doch nicht ernst meinen!", hatte Runo gerufen. „Was ist mit der Liebe zwischen uns? Zählt sie nicht mehr?"

„Ich bin nur eine Waise. Ich habe nichts zu geben."

„Du hast dich zu geben, Kioni."

„Aber ich bin nicht genug."

Sie erinnerte sich, wie er sie angesehen hatte, als sie davonging, wie er ihr nachgesehen hatte. Sie konnte nicht anders, als sich noch einmal umzudrehen, dann ein zweites und noch ein letztes Mal. Hoch aufgerichtet und gerade stand er am Tor, genauso, wie sie ihn bei ihrer ersten Begegnung gesehen hatte. Sein Blick war voller Liebe und Sehnsucht, und ihr Herz brach, als sie sich ein letztes Mal von Runo abwendete.

Ihre Entscheidung war gefallen.

Und jetzt war es nur zwei Tage später, in Italien, doch es kam ihr vor, als liege nicht nur ein Kontinent, sondern ein ganzes Leben zwischen ihnen. Kioni holte sich zurück in die Gegenwart und legte noch einmal alle ihre Kraft in die letzten Meilen.

Dieses letzte Stück war das Schwierigste, das wusste sie aus Erfahrung. Es erforderte ihre volle Konzentration, obwohl sie kurz vor dem Ende auch mental erschöpft war. Sie durfte nicht auf die Stimme ihres Körpers hören, der um Gnade zu betteln begann. Der kleinste Fehler konnte alles ruinieren. Wenn sie zu schnell lief, würde ihr auf der Schlussstrecke vielleicht die Kraft ausgehen. Doch wenn sie zu weit zurückblieb, könnte ein Gegner einen Vorteil gewinnen, den sie nicht wieder aufholen konnte. Sie brauchte Gottes Hilfe, die Führung seines Steckens und den Trost und Schutz seines Stabes, und sie konnte nur hoffen, dass er sie ihr gewähren würde.

Meile 23. Zu Hause war dies die Stelle, an der ihr die Bedeutung ihrer Entscheidung aufgegangen war und die Tränen zu fließen begannen, während sie dem Weg zurück zum Waisenhaus folgte. Vielleicht würde sie wie Schwester Immaculata enden und niemals heiraten. Aber sie liebte Runo doch, und der Gedanke, nicht bei ihm sein zu können, tat weh.

Meile 24. Konzentrier dich.

Das Pflaster war hart und die Straße unter ihren Füßen strahlte eine erbarmungslose Hitze ab. Tausende Zuschauer drängten sich am Straßenrand und feuerten sie an. Die Deutsche war näher gekommen.

Noch drei Meilen.

Bei Meile 24 teilten sich in Afrika die Wege – ein Weg führte hinauf in die Berge, der andere hinunter zum Waisenhaus. Kioni war dort einen Augenblick stehen geblieben auf ihrem langen Weg zurück von Runo. Sie erinnerte sich an den Schmerz, den sie empfunden hatte, als sie die beiden Wege nun so bildlich vor sich sah und ihre Entscheidung akzeptierte.

Eine plötzliche Bewegung hinter sich holte Kioni zurück nach Rom und zu dem Wettkampf. *Die Deutsche.* Gilda schob sich näher an sie heran. Kioni versteifte sich. Aus den Augenwinkeln heraus beobachtete sie, wie Gildas Hand vorschoss. Kioni wich einen Schritt nach links aus, ohne aus dem Rhythmus zu kommen.

Sie hörte ihre Gegnerin aufkeuchen. Wieder versuchte sie ihren miesen Trick, und wieder wich Kioni nach links aus. Schließlich unternahm Gilda einen letzten Versuch. Kioni dachte an den Stab Gottes, der sie beschützte, und sprang ein letztes Mal nach links. Gilda stolperte, nicht so schlimm, dass sie stürzte, doch sie verlor mehrere Schritte, die sie nur unter großen Anstrengungen wieder aufholen würde.

Für die letzten beiden Meilen mobilisierte Kioni noch einmal ihre verbliebenen Kräfte.

Meile 25.

Kioni lächelte. Die 25. Meile war ihr in Afrika die liebste. Das war der Streckenabschnitt, auf dem der Sonnenuntergang den Himmel durchbrach – die Stelle, an der Runo sie auf ihrem Rückweg zum Waisenhaus eingeholt hatte.

„Kioni!", hatte er gerufen, und sie hatte sich umgedreht. Da stand er im Licht der untergehenden Sonne, und sie wusste, dass sie ihn unmöglich ein zweites Mal verlassen könnte.

„Ich kann dich nicht einfach gehen lassen. Ich werde dir keine Ruhe gönnen, bis du Ja sagst", erklärte er.

Und sie sank in seine Arme.

Meile 26. Das letzte Stück ihres Weges, die Meile, die Runo sie nach Hause begleitet hatte. Und dann hatte er bei Schwester Immaculata um ihre Hand angehalten.

Zwei Dutzend kleine Mädchen waren angerannt gekommen und hatten sich neugierig kichernd um sie geschart, als Runo zu der Schwester gesagt hatte: „Ich möchte diese Frau heiraten."

„Und deine Eltern?"

Runo war nicht zusammengezuckt. „Die Möglichkeit besteht, dass sie es verstehen, vielleicht aber auch nicht."

Schwester Immaculata nickte. „Was wirst du tun, wenn er dich enterbt?"

„Gott wird unser Vater sein", sagte er und deutete mit einer weit ausholenden Geste auf die kleinen Mädchen, „und sie werden unsere Schafe sein." Und plötzlich war alles ganz einfach.

„Dann sage ich Ja“, lächelte die Schwester.

Die Jubelrufe der Mädchen hallten in Kionis Kopf nach, und noch immer sah sie vor sich, wie sie sich auf das frisch verlobte Paar stürzten, sie umarmten und lachten und weinten.

Von einem Augenblick zum anderen wurden die Erinnerungen an den Jubel der Mädchen verdrängt durch den Jubel der Menge an der Ziellinie in Rom.

Kioni durchbrach als Erste das Band. Schwester Immaculata fing sie auf und sprang begeistert mit ihr in die Höhe, ein Kunststück, das Kioni ihr aufgrund ihrer Körperfülle nicht zugetraut hätte. „Mein Mädchen, du hast gesiegt! Du hast für Kenia gesiegt! Du hast es geschafft!“

Kioni nahm die kenianische Flagge, die die Schwester ihr reichte, und schwenkte sie für die jubelnde Menge.

Ein kleiner italienischer Junge drängte sich zu ihr durch. „Du hast gewonnen!“, strahlte er sie an.

„Ja, und dein Zettel hat mir dabei geholfen.“ Kioni zog das Blatt Papier aus der Hosentasche und reichte es dem Jungen zurück.

„Was ist mit dem Autogramm?“

„Ich habe etwas Besseres.“ Kioni holte sich von Schwester Immaculata einen Stift und eine kleine kenianische Papierflagge und schrieb ihr Autogramm darauf. Das Gesicht des Jungen leuchtete auf, und grinsend verschwand er in der Menschenmenge, mit dem Zettel und seiner Flagge.

Kioni hob ihre Hände zum Dank gen Himmel. „Gott ist wirklich unser guter Hirte! Er hat mich beschützt.“

„Ja!“, rief Schwester Immaculata und übertönte mit ihrer dröhnenden Stimme mühelos das Jubelgeschrei der Menge – sie war es gewohnt, sich gegen eine enorme Geräuschkulisse durchzusetzen. „Und jetzt können wir stolz nach Hause zu unseren Mädchen fahren! Und zu deinem Mann!“

„Oh ja“, wiederholte Kioni. Die Worte waren noch ungewohnt für sie, aber sie klangen so wundervoll. „Zu meinem Mann.“

Kapitel 10

Du bereitest vor mir einen Tisch im Angesicht meiner Feinde.

Luca Liberatore stand in dem Olivenhain, in dem er schon immer Trost gesucht und gefunden hatte. Doch heute schien dieses Ansinnen aussichtslos. Sein Blick wanderte über den Golf von Neapel hinweg zum Mittelmeer. Das tiefe Blau, das ihm in der Vergangenheit immer Frieden geschenkt hatte, fühlte sich jetzt einfach nur kalt und leer an. Die Sonne schob sich langsam am Horizont höher, und die ersten Lichtstrahlen fielen durch die Zweige der Bäume, die er so sehr liebte.

Mit den Händen strich er beinahe zärtlich über die Olivenblätter, von denen er noch bis Mittwoch geglaubt hatte, dass sie ihm und Franco gehörten, schuldenfrei und ohne Belastungen. Wie immer, wenn sein Blick auf seine Hände fiel, abgearbeitet und voller Schwielen, sah er die Hände seines Großvaters und seines Vaters vor sich – Hände, die seit Generationen in den Olivenhainen gearbeitet hatten. Wie gut, dass sein Großvater nicht mehr da war; so musste er nicht miterleben, dass sie ihren Besitz verloren. Er schloss die Augen und Kindheitserinnerungen strömten auf ihn ein.

Wie er und sein Bruder Franco von Baum zu Baum gingen, mit zusammengelegten Händen über die Zweige strichen und spürten, wie die reifen Oliven locker in ihre Hände fielen.

In Bezug auf die Olivenernte war ihr Großvater sehr altmodisch. Während andere Olivenbauern schon lange zu Netzen und Bambusstöcken übergegangen waren, bestand Großvater Luca immer noch darauf, die Früchte von Hand zu ernten. Am Ende der Woche waren dann ihre Hände immer genauso rau wie die Leinensäcke, in denen sie die Oliven sammelten.

Luca öffnete die Augen. Er wollte nicht an Franco denken. Als Kinder waren sie sich so nah gewesen, und auch noch als Erwachsene waren sie immer die besten Freunde gewesen. Doch vor zwei Tagen hatte sich alles geändert.

„Was ist los?", hatte Maria gefragt, als er wie eine Marmorstatue in der Küche gestanden hatte, den Brief in seinen Händen.

Zuerst brachte er keinen Ton heraus. Fassungslos starrte er auf die Benachrichtigung von der Bank, dann zu Maria und wieder zurück auf das Anschreiben.

„Lu, was ist los?"

„Die … die Olivenhaine. Franco …", mehr brachte er nicht über die Lippen.

Der Brief von der Bank wog schwer in seiner Hand, den Inhalt konnte er einfach nicht fassen.

Maria nahm ihm den Brief aus der Hand und las schweigend. Schwierige Worte wie *Pfandverschreibung* und *kollateral* und *Verlustminimierung*. Dann legte sie wortlos die Arme um ihn, und gemeinsam standen sie in ihrer Küche und gaben sich gegenseitig Halt.

„Alles wird gut werden, Lu", sagte Maria. „Wir werden das gemeinsam wieder in Ordnung bringen."

Luca war sich da nicht so sicher.

Die Olivenhaine sicherten nicht nur ihren Lebensunterhalt, sie waren ihr Leben. Hier hatten sie ihre Mädchen großgezogen, sie umhegt wie die frisch angepflanzten kleinen Olivenbäume. In seinen Olivenhainen kannte Lu jeden Baum. Viele von ihnen standen schon seit den Zeiten ihrer Vorväter dort und brachten immer noch gute Früchte. Sie hatten sie beschnitten und gedüngt und gewässert. Die sanfte Sommerbrise vom Meer hatte dazu beigetragen, dass die Bäume sich gut entwickeln konnten. Die eisigen Winterstürme von den Bergen hatten sie widerstandsfähig gemacht und gezwungen, ihre Wurzeln tief in den felsigen Boden zu treiben.

Und jetzt war alles verloren.

Wegen Franco.

Seit der Brief gekommen war, hatte Luca an nichts anderes denken können. Er fühlte sich betrogen. Wenn er von einem Konkurrenten hintergangen worden wäre, wäre das hart gewesen, sicher; ein Feind belog und bestahl dich, und das tat weh – aber doch nicht der eigene Bruder! Ein Feind vernichtete deine Lebensgrundlage – aber doch nicht der eigene Bruder! Doch sein Bruder hatte das alles getan. Jetzt war Franco sozusagen ein Feind und doch gehörte er immer noch untrennbar zur Familie – *la famiglia*, immer noch das Wichtigste im Leben jedes Italieners, heilig und unauflösbar.

Lu verließ den Olivenhain und ging langsam den Pfad zum Dorf entlang. Seine Schultern waren gebeugt vor Enttäuschung, viel zu stark für seine 50 Jahre. Er scheute sich regelrecht davor, ins Dorf zu gehen. Am Ende begegnete er noch jemandem, der irgendwie schon über die Bank und die Sache mit der Zwangsvollstreckung Bescheid wusste.

Wie immer grüßte er alle Leute, denen er auf dem schmalen Weg begegnete. Und wie immer grüßten sie zurück. Nach außen schien alles ganz normal zu sein, aber innerlich war alles wie rohes Fleisch, und er wand sich in Schmerz und Verwirrung.

Seit der Brief von der Bank eingetroffen war, hatte er das Haus nicht mehr verlassen. Doch heute hatte Maria ihn gebeten, Brot für das Abendessen zu besorgen. Es gefiel ihr nicht, dass er rastlos vor sich hinmurmelnd im Haus herumlief.

Maria war keine Frau, der man eine Bitte abschlug, also war er widerstrebend losgegangen. Das Essen heute Abend … wenn er daran dachte, schnürte sich ihm die Kehle zu.

Die ganze Familie würde sich zum Abendessen treffen. Seine Töchter mit ihren Familien, Onkel Dino und Tante Teresa, die Cousins. Alle würden da sein … alle außer Franco. Lu konnte sich nicht vorstellen, am selben Tisch mit seinem Bruder zu sitzen, nicht nach dem, was Franco getan hatte.

Tony Ricci holte gerade die frisch gebackenen Brotlaibe aus dem Ofen, als Lu den Laden betrat.

„Luca! Komm rein. Ich hab gerade frisches Brot gemacht, extra für die Liberatores. Ihr gehört doch praktisch zur Familie."

„Danke, Tony. Unser Großvater Luca hat das Brot deines Papas geliebt. Ich brauche einige Laibe für heute Abend."

„Ah, großes Abendessen?"

„Ja."

„Und die ganze Familie kommt?"

Lu nickte nur unverbindlich, antwortete aber nicht. Alle würden kommen außer Franco. Doch das würde er Tony sicher nicht auf die Nase binden. Lu fragte sich, ob Tony wohl Bescheid wusste. Hatte er von Francos Schulden gehört? Wusste er, dass sein Bruder nach und nach immer größere Teile der Olivenhaine beliehen hatte? Dass er dazu extra nach Neapel gereist war, damit niemand im Bezirk Sorrento davon etwas mitbekam?

„Dieser Franco, der bringt mein Herz zum Lachen", meinte Tony, als hätte er Lucas Gedanken gelesen.

Offensichtlich wusste er nicht Bescheid. Vielleicht wollte er aber auch nur nett sein – das würde zu ihm passen. Zum Glück brauchte Luca nichts darauf zu sagen, da Tony anscheinend keine Reaktion erwartete.

„Ich brauche Papier zum Einpacken!", rief er nach hinten. „Lu kann sein Brot ja wohl schlecht unverpackt mitnehmen." Er lachte.

Von hinten kam ein kleiner Junge mit einem einzelnen kleinen Blatt Papier angerannt. „Hier, Großpapa Tony, du kannst das nehmen."

Tony nahm den Zettel feierlich entgegen. „Danke. Aber lauf doch bitte nach hinten und bring mir noch eine Rolle von dem braunen Papier von Großmama."

Der Junge eilte davon.

„So ein guter Junge", bemerkte Tony. „Das ist unser Enkel Alberto aus Rom. Er ist bei uns zu Besuch."

Der Junge kam mit einer Rolle Packpapier zurück. Tony wickelte den ersten Brotlaib ein und wollte gerade den zweiten verpacken, als er bemerkte, dass auf Albertos Zettel etwas stand.

„Auf diesem Blatt steht ja etwas auf Englisch, Alberto. Wo hast du das her?"

„Von einem Mädchen in Rom. Sie hat den Marathon gewonnen und ich wollte ein Autogramm von ihr. Zuerst hat sie mir den Zettel gegeben, aber dann fiel ihr ein, dass sie noch so kleine Papierflaggen hatte. Darauf hat sie dann unterschrieben."

„Willst du den Zettel denn nicht behalten?"

Der Junge schüttelte den Kopf. Er zog eine kleine kenianische Flagge aus seiner Tasche und schwenkte sie stolz. „Ich habe ja das hier." Auf dem großen roten Balken in der Mitte prangte die Unterschrift der Läuferin.

„Sehr schön", meinte Tony. „Lu, ich lege diesen besonderen Zettel zu deinen Broten. Ist ein bisschen so wie die Glückskekse beim Chinesen. Die Idee fand ich schon immer gut, ich habe nur noch keine vernünftige Möglichkeit gefunden, solche kleinen Zettel in meine Brote einzubacken. Du kannst mir ja irgendwann erzählen, was draufstand."

Lu lächelte. „Eine besondere Botschaft kann ich wirklich gut gebrauchen."

Tony reichte ihm seine Brote. „Grüße Franco von mir."

Es würde keine Grüße an Franco geben, denn er würde an dem Abendessen nicht teilnehmen. Und wenn es nach Lu ginge, würde er nie wieder mit Franco das Brot teilen.

Lu machte sich auf den Rückweg zu seinem Haus in den Bergen. Wie hatte Franco das tun können? Diese Olivenhaine waren nun schon seit mehr als 150 Jahren im Besitz seines Vaters, Großvaters und Urgroßvaters. Liebevoll wanderte Lus Blick über die Olivenbäume, die sich an den Berghang schmiegten. Urgroßvater Luca hat mit nur hundert Bäumen angefangen. Lus Großvater und Vater, die ebenfalls alle Luca genannt worden waren, hatten diese hundert Bäume gehegt und gepflegt. Als Luca und Franco dann die Geschäfte übernahmen, hatte Lu begonnen, nach und nach die umliegenden Haine aufzukaufen. Jetzt besaßen sie mehr als tausend Bäume. Oder vielmehr hatten sie sie besessen – jetzt gehörten die Bäume ja der Bank.

In der Ferne ragte der Vesuv in die Höhe. Lus Blick blieb an dem schlafenden Vulkan hängen. In ihm brodelte es, und jeden Augenblick konnte er ausbrechen, wie vor vielen Jahren, als der Vulkan brennende Asche gespuckt hatte. Lu konnte sich zutiefst mit dem Berg identifizieren. Es wäre ihm ein Vergnügen gewesen, brennende Asche über Franco zu spucken.

Als Lu das Haus betrat, ließ der Duft von Marias Ossobuco ihn seine Sorgen beinahe vergessen. Ihr Ossobuco war das Meisterstück ihrer Kochkunst, einfach ein Hochgenuss. Mit ganz besonderer Sorgfalt bereitete sie immer die Soße zu, tat ausschließlich selbst angebaute Tomaten und Karotten aus ihrem Garten hinein. Sie wuchsen dort seit Generationen. Und Knoblauch und Petersilie, natürlich ebenfalls stets frisch aus dem Beet. Dazu ein Hauch Zitrone. Die Soße köchelte auf dem Herd, als er die Küche betrat, und sonderte ihren betörenden Duft ab. Zeit war ein wichtiger Faktor, nicht nur beim Kochen – die Dinge brauchten Zeit, die Soße wie auch die Oliven.

Lu warf die Brote auf den Küchentisch. Das Packpapier löste sich, und da lag der Zettel, den Tonys Enkel aus Rom mitgebracht hatte – Lus „Glückskekszettel“, der im Einpackpapier gesteckt hatte. Lu nahm ihn in die Hand.

Als Kind hatte er Englisch in der Schule gelernt und seitdem immer wieder ein wenig mit Touristen oder Händlern auf dem Markt gesprochen. Er beherrschte es zwar nicht gut, aber doch leidlich. Seufzend ließ er sich auf einen Küchenstuhl sinken.

„Psalm dreiundzwanzig“, las er laut. Er klatschte mit der Hand auf das Papier. „Das steht in der Bibel. Den kenne ich!“

Lu las weiter und hielt plötzlich inne. Laut las er vor: *„Du bereitest vor mir einen Tisch im Angesicht meiner Feinde*!“ Er legte den Kopf in den Nacken und lachte. „Ha! Das passt ja wie die Faust aufs Auge.“

„Was ist denn so lustig?“, fragte Maria. Sie schob sich an ihm vorbei zum Backofen, zog die Tür auf und begutachtete kritisch den Inhalt.

„Das ist der dreiundzwanzigste Psalm. Die Stelle, wo es um den Tisch im Angesicht meiner Feinde geht … wie bei uns heute Abend …“

Maria musterte ihn. „Dass du immer so übertreiben musst! Franco ist nicht dein Feind. Er ist einfach … er ist eben Franco. So war er schon mit fünfzehn. Erinnerst du noch, wie er mit dem Maultier mitten durch die Hochzeitsprozession der Pascucci geritten ist? Ich sage dir, niemand in der Stadt hat das vergessen! Und wie er in seinem weißen Kommunionsanzug über das frisch gedüngte Feld gerannt ist und hinterher war er braun gescheckt?“

„Ja, Kinderstreiche sind lustig, vor allem, wenn man sie im Nachhinein betrachtet“, erwiderte Lu. „Aber das hier ist nicht lustig.“

„Das stimmt", erwiderte sie und schloss die Ofentür. Dann richtete sie sich auf, und ihr Gesicht leuchtete, weil ihr eine weitere Geschichte einfiel. „Weißt du noch, wie er einmal als Messdiener in Sandalen aufgekreuzt ist?"

„Pater D'Agostino hat beinahe einen Herzanfall erlitten", meinte Lu, jetzt wider Willen lächelnd.

An diesem Tag war er an Francos Seite durch die Kirche geschritten. Sie hatten ihre Messgewänder getragen, die Ohren waren gewaschen, die Haare ordentlich gekämmt. Als er zur Seite schaute, hatte er bemerkt, dass Franco seine Sandalen trug und nicht die glänzend polierten schwarzen Sonntagsschuhe, wie es sich gehörte.

Ein Lächeln stahl sich auf Lus Gesicht. „Er hat dem Priester ganz lässig erklärt, auch Jesus selbst hätte schließlich Sandalen getragen." Jetzt lachten sie beide herzlich. Doch Lu hörte fast sofort wieder auf zu lachen und runzelte die Stirn.

„Wie gesagt, das ist etwas anderes als ein Kinderstreich. Was er jetzt getan hat, hat Auswirkungen auf die Familie, auf alles, was seit Generationen aufgebaut worden ist."

Maria legte ihre Arme um ihn. „Du kannst Franco noch zum Essen heute Abend einladen. Es ist noch nicht zu spät."

Lu barg den Kopf in seinen Händen. „Diese Schande für die *famiglia*." Er unterstrich seine Worte mit einer kreisenden Handbewegung.

Maria legte die Hände auf Lus Schultern und massierte sie sanft. „Die Sonne steht immer noch am Himmel, und die Olivenbäume tragen immer noch Oliven", sagte sie.

Er lächelte über den Satz, den sie immer parat hatte, wenn es Probleme gab. Seufzend legte er seine Hände über ihre und streichelte sie.

Diese Sache mit Franco hätte ihn eigentlich nicht überraschen dürfen. Beide Brüder hatten Handlungsvollmacht und konnten unabhängig voneinander agieren; und somit hatte jeder von ihnen natürlich auch das Recht, eine Hypothek auf die

Olivenhaine aufzunehmen. Doch Lu hätte so etwas nie getan, ohne es mit seinem Bruder abzusprechen.

Lu seufzte wieder abgrundtief. „Ich kann nicht. Ich kann ihm jetzt einfach nicht gegenübertreten – Gott allein weiß, was ich dann mit ihm mache."

„Das verstehe ich. Das ist wirklich eine schlimme Sache, was er da gemacht hat."

Lu blätterte die Post durch, die er aus der Stadt mitgebracht hatte. Er öffnete die Umschläge und überflog die Anschreiben. Es waren einige größere Bestellungen dabei; das exzellente Olivenöl von ihren Bäumen hatte sich einen hervorragenden Ruf erworben und wurde in die ganze Welt geliefert. Was würde jetzt aus ihrem Geschäft werden? Wer würde die Olivenhaine übernehmen?

Er riss die restlichen Umschläge auf. „Zwei Bestellungen aus Frankreich."

„Gut", rief Maria vom Backofen her.

„Und noch eine Bestellung aus China. Das ist schon die dritte in diesem Jahr. Und diesmal sind es hundert Flaschen!"

Maria strich ihre schwarzen Locken zurück. „Siehst du. Die Liberatores sind noch nicht am Ende."

„Da bin ich nicht so sicher", erwiderte Lu.

Maria war wie immer nicht so leicht zu entmutigen. So war sie eben, voller positiver Lebenskraft, ein richtiges Energiebündel. Das war es auch, was Lu so an ihr liebte. „Das Abendessen ist so weit fertig, es muss nur noch ein wenig vor sich hinköcheln. Wir sollten die Bestellungen sofort auf den Weg bringen. Ich gehe nach unten und hole das Verpackungsmaterial."

Sie trocknete sich die Hände an ihrer geblümten Schürze ab, dann wandte sie sich an ihren Mann. „Je schneller die Lieferung rausgeht, desto schneller kommt die Bezahlung. Hilf mir ein wenig und deck doch schon den Tisch für heute Abend. Machst du das, Lu?"

Nachdem sie die Küche verlassen hatte, blieb Lu noch einen Augenblick sitzen. Gedankenverloren starrte er aus dem Fenster. Normalerweise war es eine Freude für ihn, den Tisch für alle seine Lieben zu decken. Jeder Teller und jedes Dekorationsstück hatte eine Bedeutung für die Familie.

Schließlich stand er auf und ging ins Esszimmer hinüber. Liebevoll ließ er seine Hände über den Esstisch aus Olivenholz gleiten, den Großvater Luca selbst gearbeitet hatte. Wie viele Mahlzeiten hatte er schon an diesem Tisch eingenommen, mit dem weißen Leinentischtuch gedeckt, das jetzt über der Stuhllehne hing und von Maria sorgfältig gebügelt worden war?

Er breitete das Tuch über den Tisch und strich das feine Leinen glatt. Es stammte aus der Aussteuer seiner Mutter. Die filigranen Blumen auf dem Tischtuch hatten seine Tanten in mühevoller Kleinarbeit für sie darauf gestickt.

Famiglia.

Du bereitest vor mir einen Tisch im Angesicht meiner Feinde.

Warum wurde er ausgerechnet heute mit diesem Vers konfrontiert? Und was war das überhaupt für ein seltsames Bild, dass ein Mensch mit seinen Feinden zusammen oder vor ihrer Nase aß?

Lu öffnete die Tür des Geschirrschranks und nahm die Kerzenständer heraus, die seiner Großmutter gehörten hatten. Diese Kerzenständer hatten bei jeder Mahlzeit, die Franco und er als Kinder bei Großvater Luca eingenommen hatten, auf dem Tisch gestanden. Großvater Luca hatte immer feierlich die Kerzen angezündet mit den Worten: „Das Licht der Welt." Lu erinnerte sich noch gut daran, wie Francos große, dunkle Augen im Kerzenschein geleuchtet hatten, während sie erwartungsvoll am Großvater hingen, der so wunderbare Geschichten erzählte. Großvaters Geschichten handelten immer von der Familie.

„Nichts kann einen Liberatore aufhalten“, sagte Großvater, wenn er ihnen davon erzählte, wie ihre Vorfahren im Krieg für ihr Land gekämpft hatten.

„Nichts kann einen Liberatore aufhalten“, sagte er, wenn er von dem Feuer berichtete, das die Hälfte der Olivenbäume vernichtet hatte, damals, als er noch ein Kind gewesen war.

Lu nahm eine Flasche mit dem goldgeprägten Familienwappen vom Regal. Das Öl stammte aus der Ernte des vergangenen Jahres. Wie jedes Jahr waren die Oliven geerntet und in die Presse gegeben und zerquetscht worden. Genauso fühlte er sich im Augenblick. Er wurde zwischen der Bank und dem Vermächtnis seiner Familie zerrieben. Die Bäume waren ein Sinnbild für dieses Vermächtnis, für Solidität und Dauerhaftigkeit und Stärke. In guten Zeiten wuchsen sie in die Breite, und im harten Winter gruben sie ihre Wurzeln weiter in die Tiefe.

„Nichts kann einen Liberatore aufhalten“, sagte Lu zu Großvaters leerem Stuhl. Er stellte das Olivenöl auf einen Teller in die Mitte des Tisches.

Zu jedem Teller legte er eine von den schweren Leinenservietten seiner Großmutter und arrangierte ihr Silberbesteck, genau in der Reihenfolge, die Maria ihm eingebläut hatte. Zum Schluss stellte er noch die Salz- und Pfefferstreuer auf den Tisch, die ebenfalls der Familie gehörten, solange er denken konnte.

Nachdem der Tisch gedeckt war, ließ er sich an seinem Platz nieder. Francos Stammplatz war leer. Für ihn stand kein Gedeck auf dem Tisch. Aber daran war er selbst schuld.

Morgen würde Lu nach Neapel reisen und sich mit den Leuten von der Bank treffen. Er würde sehen, was er tun konnte. Vielleicht gab es noch irgendeine Möglichkeit, das Blatt zu wenden; vielleicht war aber auch nichts mehr zu machen. Die Entscheidung würde morgen fallen. Doch heute war der Tisch gedeckt, heute würden sie essen und zusammen sein und die Familie feiern.

Irgendwie wünschte er sich, seine Familie würde ihm nicht so viel bedeuten. Heutzutage schien der Familienzusammenhalt den jungen Leuten nicht mehr ganz so wichtig zu sein. Sie verließen ihre kleinen Dörfer und zogen in die großen Städte, und es schien ihnen nichts auszumachen, von ihrer Familie getrennt zu leben.

Er erinnerte sich an seine Kindheit, an die endlosen, sonnendurchfluteten Stunden, die er mit Franco im Olivenhain gespielt hatte. Sie waren unzertrennlich gewesen … Wie hatte er seinen einzigen Bruder Franco geliebt! Und Franco war immer für ihn da gewesen. Am Abend vor seiner Hochzeit mit Maria hatte Luca kalte Füße bekommen, und Franco hatte ihm den Kopf gewaschen.

„Lu", hatte er gesagt und ihn mit seinen dunklen, ausdrucksvollen Augen eindringlich angesehen. „Geh das Risiko ein. Geh wenigstens einmal in deinem Leben ein Risiko ein!"

Wenn Franco ihn nicht gedrängt hätte, wäre Lu jetzt vielleicht nicht mit Maria verheiratet. Was wäre ihm ohne sie alles entgangen, ohne Franco und seine „Risikobereitschaft".

Lu ging in die Küche zurück, holte Tonys Brote und legte sie in die Mitte des Tisches, anschließend nahm er noch eine Flasche Wein aus der Kiste und stellte sie daneben.

Plötzlich sah er deutlich vor sich, wie Großvater Luca das Brot und den Wein in die Höhe hielt und sagte: „Brot und Wein – ganz alltägliche Dinge, Jungs, aber in der Kirche sind sie etwas Besonderes. Sie sind der Leib Christi und sein Blut. Ein Symbol für sein Erbarmen mit uns, seine große Liebe zu den Menschen."

Lus Rosenkranz hing neben der Tür im Flur am Haken. Er ging hinüber und nahm ihn behutsam in seine Hände. Als Kind hatte er jeden Tag die Perlen durchgebetet. Gott war für die Liberatores immer wichtig gewesen. Auch von seinem Glauben und seinen Erlebnissen mit Gott erzählte Großvater Luca oft und gern. Er kannte jedes Gebet im Katechismus, und er hatte Lu und Franco ermuntert, auch selbst immer mit Gott zu sprechen, mit dem Rosenkranz oder auch frei, und mit allen Fragen und Problemen zu ihm zu kommen.

Lu und Franco hatten alles gemeinsam auswendig gelernt – das Glaubensbekenntnis, das Ave Maria, das Vaterunser. Und auch den 23. Psalm auf Latein.

Bei dem Gedanken an die beiden kleinen Jungen, die den Psalm aufsagten, musste Lu lächeln. Sie hatten damals ganz eindeutig keine Ahnung gehabt, was es bedeutet, mit einem Feind zu speisen. Er strich über die Rückenlehne von Francos Stuhl.

Du bereitest vor mir einen Tisch im Angesicht meiner Feinde.

Lu stand vor dem gedeckten Tisch. Stück für Stück hatte er alles auf den Tisch gestellt. Irgendwie konnte er sich des Gefühls nicht erwehren, dass Gott ihn ebenso sorgfältig vorbereitet hatte wie Lu den Tisch. Stück für Stück.

Gott hatte Lu Maria geschenkt, die ihn liebte und ihm beibrachte, andere zu lieben. Gott hatte ihnen ihre Mädchen geschenkt, drei wunderbare Töchter, die inzwischen bereits verheiratet und ausgezogen waren und großen Anteil daran hatten, dass Lus Haare mittlerweile grau waren. Sie hatten ihn Geduld gelehrt und Freude in sein Leben gebracht. Und Gott hatte ihm einen Bruder geschenkt.

Franco.

Auf was hatte Gott ihn mit alledem vorbereitet? Was sollte Lu jetzt lernen? Vielleicht Glauben. Daran, dass Gott immer noch alles im Griff hatte und dass dies nicht das Ende war. Vielleicht Vergebung. Eines Tages.

Lu starrte auf den großen Holztisch, der seit Generationen im Besitz ihrer Familie war, und auf die leeren Stühle. Heute Abend würden alle an diesem Tisch sitzen. Sie würden aus den Kristallgläsern ihres Urgroßvaters trinken. Bei Brot und Wein – den Symbolen des ewigen Lebens, das sie eines Tages miteinander teilen würden – würden sie sich ansehen und miteinander reden.

Viele Jahre lebten sie bereits gemeinsam, waren gesimmert wie Marias Tomatensoße, gereift wie die Oliven. Tausende Mahlzeiten hatten sie an eben diesem Tisch eingenommen, und all die gemeinsam verbrachten Stunden hatten die Familie geprägt, sie zusammengeschweißt, für gute Zeiten und für schlechte Zeiten.

Maria kam herein und stellte sich neben ihn. „Das ist aber sehr schön geworden, Lu."

Sie ergriff seine Hand, und gemeinsam betrachteten sie schweigend den festlich gedeckten Tisch. Lu betrachtete Marias Hand, die für ihn ein Symbol der Güte Gottes war, und auf einmal fühlte er sich größer, stärker. Er atmete tief ein und ließ die Luft wieder entweichen.

„Du bereitest vor mir einen Tisch", sagte Lu, *„im Angesicht meiner Feinde."*

„Ja", sagte sie. „Das tut er."

Lus Augen füllten sich mit Tränen. „Was immer er auch getan hat, er ist immer noch mein Bruder. Was immer auch geschieht, wir werden es meistern, gemeinsam mit Gott und der Familie. Also gut, Maria, ich lege auch für Franco ein Gedeck auf."

Kapitel 11

Du salbst mein Haupt mit Öl

Zoey saß im Bus. Alle ihre weltlichen Besitztümer steckten in einem rot-weiß-blauen Reisbeutel und ihrem schon recht zerschlissenen Rucksack, den ihr ihr Großvater in der Grundschule geschenkt hatte.

Sie stand an der Schwelle zu ihrem neuen Leben. Ganz fest hielt sie ihre Taschen an sich gedrückt, während sich der Bus durch die engen, verstopften Straßen Chongqings schob.

Es war 18:00 Uhr, und die Leute strömten aus den Bürogebäuden. In Chongqing herrschte immer dichtes Gedränge; mit 32 Millionen Einwohnern war es die größte Stadt der Welt. Und um diese Uhrzeit schienen alle 32 Millionen Menschen auf der Straße zu sein.

Der Mann neben ihr rutschte nervös auf seinem Platz herum. Zoey spielte ihr Lieblingsspiel – sie stellte sich vor, wer die Leute um sie herum wohl waren und was sie vorhatten. Die Augen des Mannes blickten unruhig hin und her, seine Hände hielten eine schwarze Tasche umklammert. *Ein Dieb.* Sie lächelte über ihre rege Fantasie. *Auf der Flucht … in diesem langsamen Bus? Dann wäre es wohl kein guter Dieb.*

Da war eine junge Frau in einem Cocktailkleid. Ein schwarzer Seidenschal lag um ihre Schultern. *Sie trifft bestimmt einen Mann, so schick wie sie ist,* dachte Zoey. *Sie wird sich heute Abend verloben.* Die Frau lächelte Zoey an, und Zoey senkte den Blick.

Der Mann, der ihr gegenübersaß, trug staubige Dorfkleidung.

Bestimmt ein Bauer. Er erinnerte sie an ihren Großvater. Ein scharfer Schmerz durchzuckte sie, als sie sich an den Abschied von ihm erinnerte. Von ihrem YeYe fortzugehen war ihr unglaublich schwergefallen. Unbewusst spielten ihre Finger mit dem Stoff ihres Rucksacks, den er ihr vor so vielen Jahren geschenkt hatte.

Als Kind war sie ihm auf Schritt und Tritt gefolgt, genau wie seine Schafe. Oft hatten sie sich zusammen ins Gras gelegt, die Wolken am Himmel beobachtet und sich gegenseitig erzählt, was sie darin sahen.

„Was ist das da, YeYe?", fragte sie dann und deutete auf eine fluffige weiße Wolke.

„Ein Schaf", antwortete er.

„Und das da?"

„Ein Schaf."

Sie lachte. Für sie war er immer ein Riese gewesen. Doch nun, da sie von ihm fortgegangen war, erschien er ihr so klein.

„Wir alle sind Schafe", sagte er darauf, und sie lachte.

„Wir sind gar keine Schafe", erklärte sie ihm und drohte ihm mit ihrem kleinen Finger. „Wir sind Menschen."

„Sie verreisen? Wohin?", fragte die Frau neben ihr mit einem Blick auf ihre Taschen.

„Nach Los Angeles in den Vereinigten Staaten."

Während sie die Worte aussprach, spürte sie, wie die Angst in ihr übermächtig werden wollte. Sie war noch nie in den Vereinigten Staaten gewesen, und sie kannte nur eine Person, die schon einmal nach Amerika gereist war. Das war Chan aus dem Labor. Er hatte dort ein Praktikum gemacht, doch viel hatte sie nicht aus ihm herauskriegen können. Er redete viel lieber über den Flug dorthin und die Luftturbulenzen, die sie erlebt hatten. Sie hatte noch nie in einem Flugzeug gesessen, und jetzt sollte sie gut 15 Stunden über den Ozean fliegen. Energisch schob sie den Gedanken beiseite. Natürlich war diese Reise sehr aufregend, aber sie machte ihr auch Angst.

Sie lehnte ihre Stirn an das kühle Busfenster und beobachtete die Menschen draußen, die scheinbar alle sehr beschäftigt und zielgerichtet durch die Straßen eilten. Nach außen wirkten sie alle so selbstbewusst. Sie selbst fühlte sich alles andere als selbstbewusst.

Sie stand zwischen ihrer Vergangenheit und ihrer Zukunft.

Ihr kleines Zimmer im Wohnheim war jetzt leer, und sie war auf dem Weg zu Wangs Wohnung, wo sie sich mit drei Medizinstudenten ihres Studienjahrgangs zum Essen treffen und Abschied feiern wollte. Übernachten würde sie bei Shi und Shu, und morgen sollte sie dann in die Vereinigten Staaten fliegen, wo ihre Zukunft lag. Ihre Freundinnen freuten sich für sie. Doch wenn sie ehrlich war, machte der Gedanke an morgen ihr vor allem furchtbare Angst.

Heute Abend würden sie zum letzten Mal zusammentreffen. Sie hatten sich vorgenommen, gemeinsam italienisch zu kochen. Wang würde den Wein beisteuern. Shu und Shi würden sich um die Pasta kümmern und Zoey hatte den Auftrag erhalten, ein gutes Olivenöl mitzubringen.

Wang kannte sie seit ihrer Kindheit. Sein Vater war Schuster in ihrem Heimatdorf. Unzählige Male hatte Zoey Wang in der Werkstatt neben seinem Vater auf einer Bank sitzen sehen. Er half ihm, die Sohlen auf die Sandalen anzupassen und die Nähmaschine zu treten, während sein Vater sorgfältig die Säume nähte.

Zoeys Vater war fortgegangen, um in den Minen zu arbeiten, als sie noch ganz klein war, und YeYe war ihr zum Vater geworden. Und die Schafe waren ihre Familie. In jedem Herbst schoren sie die Schafe. Es war immer wieder wie ein Zauber: Sie schoren die unansehnliche und verschmutzte Wolle ab, und die neue, weiche, reinweiße Wolle kam darunter zum Vorschein. Die ihrer Wolle beraubten Schafskörper waren ein lustiger Anblick, so klein und dünn. Bei der Erinnerung daran musste sie lächeln.

Schwer bepackt stieg Zoey aus dem Bus und betrat den Importladen.

„Ich brauche Olivenöl“, sagte sie. „Ich möchte etwas ganz Besonderes; es ist für mein Abschiedsessen.“

„Dieses Öl ist gerade aus Italien eingetroffen.“ Die Frau zeigte Zoey eine kleine, in Papier eingeschlagene Flasche, die in einem edlen Karton lag. Zoey warf einen Blick auf das Preisschild. Nicht ganz so teuer, wie sie befürchtet hatte. YeYe wäre bei der Vorstellung, 50 Yuan für eine Flasche Öl auszugeben, entsetzt gewesen. Für die Hälfte davon bekamen sie sieben Liter Sojaöl, und damit kamen sie etwa einen Monat aus. Aber sie war in Chongqing, und die Preise waren hier eben anders. Und das Olivenöl war extra den weiten Weg aus Italien hierhergebracht worden.

Außerdem waren ihre Freunde für sie wie Geschwister. Sie hatte keine richtigen Geschwister, darum wusste sie nicht genau, wie es sich mit Brüdern und Schwestern lebte, aber ungefähr so wie mit ihren Freunden stellte sie es sich vor. Auch die anderen hatten keine Geschwister.

„Ist es auch wirklich gut?“, fragte Zoey.

„Oh ja. Dies ist Liberatore-Olivenöl – das Beste, was es gibt.“ Die Frau deutete auf das goldene Wappen auf dem Etikett. „Es kommt aus Sorrento in Italien und wird von einer Familie hergestellt, die schon seit Generationen ihre Olivenhaine betreibt.“

„Gut, ich nehme es."

Während Zoey das Olivenöl bezahlte, dachte sie über all die Menschen im Dorf nach, die Opfer brachten, damit sie studieren konnte – nicht nur ihr Großvater, sondern auch die Nachbarn und die Dorfältesten. Sie alle hatten ihren Beitrag zu ihrer Ausbildung geleistet.

Ihre Brust zog sich schmerzlich zusammen. Früher am Tag war ihr der Gedanke gekommen, einfach hierzubleiben. Sie könnte morgen einfach in den Bus nach Hause steigen und gar nicht zum Flughafen fahren. In wenigen Stunden wäre sie wieder bei YeYe. Sie würde über die Wiesen laufen, mitten durch die Schafherden hindurch und geradewegs in seine Arme. Aber alle im Dorf wären dann furchtbar enttäuscht. Und sie durfte sie nicht enttäuschen. Sie sollten stolz auf sie sein!

Es führte kein Weg daran vorbei, sie musste in die Vereinigten Staaten fliegen. Zweifellos würde sie China ganz schrecklich vermissen, und ihr Dorf und YeYe und die Schafe, aber diesen Gedanken musste sie jetzt ganz schnell beiseiteschieben. Sie wollte einen fröhlichen Abend verleben und mit ihren Freunden zu Abend essen.

Shi und Shu hatten die Idee mit dem italienischen Abend gehabt. Den beiden Freundinnen fiel ständig etwas Neues ein, sie waren immer guter Laune und offen für alles. Von klein auf hatten sie sich für fremde Länder interessiert. Seltsam, dass sie nun aber in China blieben, während Zoey aufbrach in eine neue Welt.

Schnellen Schrittes eilte Zoey zu Wangs Wohnung. Sie liebte die betriebsame Hektik der Stadt, die so ganz anders war als das Leben im Dorf. Ja, sie mochte auch das Dorfleben. Auf dem Land war alles ruhig, beschaulich und so sauber –

die Luft, die grünen Schafweiden. Der Gedanke, ins Dorf zurückzukehren, verlockte sie, aber nachdem sie ein sehr strenges Auswahlverfahren durchlaufen und die Gelegenheit bekommen hatte, an einer großen Forschungsuniversität in den Vereinigten Staaten zu arbeiten, durfte sie dieser Verlockung nicht nachgeben.

Wie alles wohl werden würde? Würde sie sich fühlen wie die frisch geschorenen Schafe? Nackt und verletzlich, aller ihrer Traditionen und Erinnerungen beraubt? Sie konnte sich das nicht einmal vorstellen. Erneut überlegte sie, zu kneifen und in den Bus nach Hause zu steigen. *Nein.* Alle erwarteten von ihr, dass sie in die Vereinigten Staaten reiste und Karriere machte. Sie könnte ihre Lieben nie enttäuschen, nachdem sie so viel für sie getan hatten.

Zoey eilte die Stufen zu Wangs Wohnung hoch, und schon bald lag sie ihren Freunden in den Armen. Das fröhliche Geplauder und die Vorbereitungen für das Abendessen lenkten sie vom morgigen Tag und dem Flug und dem Beginn ihres neuen Lebens ab.

„Hast du das Öl bekommen?", fragte Wang.

„Ja."

Shi und Shu hatten in der Küche Wasser aufgesetzt. „Hier sind die Spaghetti", erklärte Shi.

„Ich hab die Marinarasauce", fügte Shu hinzu.

Beide Mädchen stammten aus der Provinz Qinghai, aber aus unterschiedlichen Dörfern. Sie würden nach ihrer Ausbildung in ihre Heimat zurückkehren und in einem Krankenhaus in der Nähe arbeiten. Auf jeden Fall könnten sie zusammenbleiben.

Wang hatte in Chongqing an dem Krankenhaus, in dem er seine Ausbildung absolviert hatte, eine Stelle bekommen. Dort kannte er bereits eine Menge Leute.

Nur Zoey wagte sich in die Welt hinaus. Sie würde nach LA fliegen – allein. Ihre Facharztausbildung machen – allein. In einem Einzimmerappartement wohnen – allein. Vorher war sie noch nie allein gewesen …

Zoey nahm die Flasche mit dem Olivenöl aus dem Karton. Dabei fiel ihr auf, dass einer der um die Flasche gewickelten Papierbögen anders aussah als die anderen – etwas schmuddelig weiß statt braun. Auf diesem Blatt stand etwas handschriftlich geschrieben. Sie wickelte es ab.

„Was ist denn das?", fragte Wang.

„Ein Blatt Papier. Darauf steht etwas auf Englisch."

„Kommt das Öl denn nicht aus Italien?"

„Doch, aber was da steht, ist eindeutig Englisch."

„Lies mal vor", forderte Shu sie auf, während sie in der Sauce rührte.

Wang spähte Zoey über die Schultern.

„Also gut. *Das Lied des Hirten. Psalm 23. Der Herr ist mein Hirte, mir wird nichts mangeln …*" Zoey las den ganzen Psalm laut vor.

„Das ist aus der Bibel, glaube ich", meinte Shi.

„Ja", bestätigte Shu. „Ich habe das schon mal gehört, in der Hausgemeinde meiner Großmutter."

„Mir gefällt besonders der Teil mit der grünen Aue und dem frischen Wasser", seufzte Wang. „Dabei muss ich an die Hügel in meiner Provinz denken."

Shu nickte. „Ja! Ich bin so froh, dass wir bald nach Qinghai zurückkehren, zu den wunderschönen grünen Weiden und der sauberen Luft." Sie gab die Spaghetti in das kochende Wasser.

„Ihr könnt euch glücklich schätzen, dass ihr zusammenbleiben könnt. Ich wünschte, ich hätte jemanden, der mit mir in die Vereinigten Staaten fliegt."

Wang nahm das Blatt und las: „*Du salbst mein Haupt mit Öl.* Ich frage mich, was das wohl bedeutet."

„Öl verbessert auf jeden Fall den Geschmack!“, erklärte Shi grinsend, tauchte ein Stück Brot in das Öl und steckte es in den Mund.

„Den Geschmack deines Hauptes? Igitt!“ Wang tunkte ebenfalls etwas Brot in das Öl und aß es dann. Er schloss die Augen und seufzte vor Behagen. „Bei Öl und Geschmack“, sagte er, „fallen mir vor allem Frühlingsrollen ein! Meine Mutter hat jeden Abend Frühlingsrollen frittiert. Hmm, die waren so knusprig.“

„Typisch, dass du nur ans Essen denkst!“, sagte Zoey.

„Tja, was soll ich sagen. Ich esse nun mal für mein Leben gern.“ Er strich über seine wohlgerundete Mitte. „So etwas hier bekommt man nur durch gutes Essen.“

Alle lachten.

Shu sagte: „Vielleicht geht es bei dem Öl da in dem Psalm um so etwas wie Eukalyptusöl. Jahrhundertelang haben es meine Vorfahren wegen seiner großen Heilkräfte verwendet. Wenn ich wieder zu Hause bin, werde ich seine Geheimnisse genau erforschen und eine berühmte Ärztin werden. Alle werden zu mir aufsehen, und ich werde auf der Titelseite vieler Zeitschriften abgebildet sein. Vielleicht bekomme ich ja den Nobelpreis für Medizin.“ Sie machte eine übertriebene Verbeugung, und wieder brachen alle in fröhliches Gelächter aus.

„Als ich noch klein war“, fiel Shi ein, „wünschte ich mir so schöne Haare wie dieses Mädchen in meinem Dorf, das bei allen beliebt war. Jeden Abend massierte meine Mutter mir mit Lavendel versetztes Palmöl in die Haare. Den Geruch habe ich immer noch in der Nase.“ Sie brach ab, und ihre Augen füllten sich mit Tränen.

Sie alle schwiegen eine Weile.

„Ich bürste dir nachher die Haare“, versprach Shu. Und wieder lachten sie und umarmten einander.

Wang nahm sein Smartphone aus der Tasche und gab das fremde Wort im Online-Wörterbuch ein. „Aha, hier. Salben bedeutet, dass man Öl über den Kopf von jemandem gießt, zu kosmetischen oder rituellen Zwecken."

„Da muss ich an meinen Großvater denken. Er hat den Schafen immer die Köpfe, vor allem die Augen und die Nasen, mit Öl eingerieben. Das schützte sie vor Verletzungen und vor Insekten."

Wang nickte. „Das stimmt. Die Schafe deines Großvaters sahen immer gut aus und waren die gesündesten Schafe in der Gegend. Nicht wie die von Mr Chang."

Mr Changs Schafe auf der Nachbarweide waren sehr ungepflegt gewesen. Ständig litten sie unter Ausschlägen und tränenden Augen. Einige von ihnen hatten buchstäblich den Verstand verloren, weil Insekten ihre Eier in die weichen schwarzen Membranen ihrer Nasen gelegt hatten. Die Muttertiere gaben keine Milch mehr, und die Lämmer verkümmerten.

Unter YeYes fürsorglicher Pflege blieben seine Schafe gesund und wohlauf. Wenn er nur auch Zoey mit Öl hätte salben können, um ihr seinen Segen für ihre Reise in die Vereinigten Staaten mitzugeben, wo sie neue Leute und neue Sitten kennenlernen würde.

YeYes Schafe genossen es immer sehr, wenn er sie mit Öl einrieb. Sie drückten sich ganz dicht an ihn, ihren Hirten, weil sie wussten, dass er ihnen alles geben würde, was sie brauchten, und dass er sie beschützen würde.

Wer würde Zoey beschützen? Erschrocken bemerkte sie, dass sie diese Frage laut ausgesprochen hatte, denn ihre Freunde sahen sie erstaunt an.

„Ja, einen Beschützer hätten wir alle gern ab und zu", sagte Wang. „In einer Stadt, die so groß ist wie Chongqing, brauche ich Schutz."

„Ich wünsche mir Schutz, damit das Flugzeug nicht abstürzt", sagte Zoey.

Sie lachten.

„Einmal", erzählte Shu, „wurde in der Hausgemeinde meiner

Großmutter Öl für eine Zeremonie verwendet. Sie haben einen Finger in das Öl getaucht und es auf die Stirn eines Mannes gestrichen. Dazu sagten sie: *Gott mit dir, Amen.* Dieser Mann wollte Pastor werden."

Wang gab wieder etwas in sein Handy ein. „Amen bedeutet: ‚So sei es'", erklärte er.

„Gott mit dir. So sei es. Amen." Zoey wiederholte das fremd klingende Wort. Sie dachte daran, wie tröstlich es wäre, einen starken Gott an ihrer Seite zu haben. Einen guten Hirten wie ihren YeYe.

Bald herrschte am Tisch das vertraute Lachen der Freunde, die fröhlich miteinander plauderten und Erinnerungen austauschten an ihre gemeinsame Zeit.

Nach dem Essen rückte der Abschied näher. Die Vorfreude auf die neuen Anfänge und fremden Orte verblasste, und Traurigkeit legte sich über sie bei dem Gedanken, dass sie einander vermutlich nicht mehr wiedersehen würden.

Zoeys Blick fiel auf den Zettel, der neben dem Öl mitten auf dem Tisch lag. „Denkt ihr, Gott würde mit uns gehen? Und uns beschützen?" Die Vorstellung von einem Gott, der seine Anhänger salbte wie YeYe die Schafe, gefiel ihr.

Nachdenkliche Stille erfüllte den Raum, während die vier Freunde über ihre Zukunft nachdachten.

Schließlich sagte Shu: „Komm." Sie tauchte ihren Finger in das Öl, beugte sich vor und drückte den Finger an Zoeys Stirn. Das Öl war warm, die Berührung sanft. Zoey schloss die Augen und stellte sich vor, dass es YeYes Finger war, der sie berührte … oder war es der Finger Gottes?

Ein seltsamer Friede durchströmte sie, und sogar die Gewissheit, dass Gott bei ihr war.

Sie tauchte ihren Finger in das Öl und berührte Wangs

Stirn. „Denk immer an diesen Abend“, sagte sie. „Gott mit dir. Amen“

Wang lächelte. Auch er tauchte seinen Finger in das Öl und berührte zuerst Shis, danach Shus Stirn.

Die Kerzen flackerten. Die Stille legte sich über sie wie eine Decke, und ein tröstlicher Friede erfüllte sie.

Schließlich durchbrach Zoey die Stille und sagte mit leiser Stimme: *„Du salbst mein Haupt mit Öl.“*

Und alle zusammen antworteten: „Amen.“

Zoey saß im Terminal des Flughafens und wartete auf ihren Flug. Ihr Gepäck hatte sie bereits aufgegeben; sie hatte die Sicherheitsschleuse durchschritten und vor dem Boarding war noch eine Stunde Zeit. Aufmerksam sah sie sich um, musterte die Reisenden und fragte sich, was sie wohl bewegte. Der Mann neben ihr war mit größter Sorgfalt gekleidet. *Er hat bestimmt einen Termin beim Präsidenten*, dachte sie lächelnd.

Eine ältere Frau hatte ihre Taschen und Päckchen um sich herum abgestellt. *Sie ist sicher eine dieser coolen amerikanischen CIA-Agentinnen*, dachte Zoey. *Und sie hat sich für eine geheime Mission verkleidet.*

Und was dachten die Leute wohl über sie, fragte sie sich. Ein junges Mädchen, das allein reist – dabei war sie gar nicht allein.

Sie nahm den Psalm aus ihrer Tasche und las ihn noch einmal durch. *Du salbst mein Haupt mit Öl.* Das Abendessen mit ihren Freunden klang noch in ihr nach und sie berührte ihre Stirn an der Stelle, wo Shu sie mit dem Öl gesalbt hatte.

YeYe konnte sich jetzt nicht mehr um sie kümmern, doch sie hatte einen anderen Hirten. Einen, der ihr Nahrung geben, sie beschützen und sie trösten würde.

„Achtung! Passagiere gebucht auf Flug 234 nach Los Angeles. Wir beginnen jetzt mit dem Boarding.“

Schnell suchte Zoey ihre Sachen zusammen und eilte zum Schalter. In ihrer Aufregung ließ sie den Zettel mit dem Psalm auf dem Stuhl liegen. Doch die Worte waren jetzt ein Teil von ihr.

Einen Augenblick hielt sie inne. Da stand das Flugzeug, das sie in ihr neues Leben bringen würde. Durch die riesigen Fensterscheiben konnte sie es genau betrachten. Weiße Wolken zogen träge über den strahlend blauen Himmel.

„*Schafe*", meinte sie YeYe beinahe zu hören. „*Schafe. Menschen. Das ist doch alles dasselbe.*"

Zoey lächelte und setzte sich wieder in Bewegung. YeYe konnte nicht mitkommen, aber ihr guter Hirte war überall dabei. Und er würde sie ebenfalls beschützen. Denn das hatte er schließlich in dem Psalm versprochen.

Du salbst mein Haupt mit Öl.

Mit einer Zuversicht, die sie bisher nicht gekannt hatte, begab sie sich in das Flugzeug, um der Zukunft entgegenzufliegen.

Kapitel 12

... und schenkst mir voll ein.

„Aaaaaah."

Mit einem genussvollen Seufzer lehnte sich Roland Shelby auf seinem Sitz in der ersten Klasse des Flugzeugs zurück, erfüllt von der Wärme, die Reichtum und Erfolg vermittelten. Doch dann wurde sein schlimmster Albtraum wahr.

Und zwar in Gestalt einer Frau namens Judy.

Bisher war die Reise ohne Zwischenfall verlaufen. In Chongqing hatte er das Wilson-Chamberlain-Geschäft zum Abschluss gebracht, und jetzt freute er sich auf den Heimflug. Die erste Etappe nach LA hatte er ohne Probleme überstanden, und jetzt auf dem letzten Stück nach New York war der Platz neben ihm leer. Das war das Schöne an der ersten Klasse: Man saß vom gewöhnlichen Volk separiert. Niemand, der einen störte. Zeit, um in Gedanken schon das nächste Geschäft zu planen ...

In diesem Augenblick ertönte neben ihm eine Stimme. „Entschuldigen Sie, junger Mann, ich glaube, das ist mein Platz."

Sie war mit nicht weniger als vier Taschen bepackt. *Wie war das noch mit der Regel: Nur zwei Stück Handgepäck?* Er erhob sich und trat auf den Gang, um die Frau vorbeizulassen.

Sie drückte sich an seinem Sitz vorbei und ließ sich in ihren sinken.

„So, mal sehen." Sie machte sich mit ihren Taschen zu schaffen. „Die muss unter den Sitz." Eine Tasche stellte sie auf den

Boden und schob sie unter ihren Vordersitz. „Und die behalte ich hier, dann kann ich …"

Na wunderbar, dachte er, *die wird jetzt zu allem, was sie tut und denkt, einen Kommentar abgeben.* Hoffnungsvoll wanderte sein Blick durch die Reihen auf der Suche nach einer freien Sitzreihe, um der Dame zu entfliehen. Auf den Plätzen vor, neben und hinter ihm saßen Männer in teuren Anzügen, Geschäftsfrauen mit hochhackigen Schuhen und perfekt gestyltem Haar, die bereits eifrig an ihren Laptops oder Handys zugange waren. Selbst die Freizeitkleidung der Passagiere der ersten Klasse wirkte exklusiv. Und alle Plätze waren besetzt.

Vermutlich hatte seine Nachbarin ein Upgrade bekommen, weil die Maschine voll besetzt war. Sein Pech. Fünf Stunden würde er es jetzt neben ihr aushalten müssen, den ganzen Weg von Los Angeles nach New York.

„Ich bin Judy", verkündete sie und streckte ihm ihre Hand hin.

„Roland." Er zwang sich zu einem flüchtigen Händedruck. Bei dem „kräftigen" Händedruck, den er aus seinen Geschäftsbegegnungen kannte, ging es darum, dass jeder bemüht war, etwas fester und stärker zuzupacken als sein Gegenüber, um größere Macht zu demonstrieren und den anderen einzuschüchtern. Einmal wäre er sogar fast Mitglied in einem Fitnessclub geworden, um die Muskeln seines rechten Arms für den Händedruck zu kräftigen.

„Kann ich Ihnen etwas zu trinken bringen?", fragte die Flugbegleiterin.

„Ein Amstel Light in einem kalten Glas", sagte Roland. Auf diesem Flug brauchte er ein Bier.

„Hmmm", sagte Judy. „Eistee?"

Roland zuckte zusammen. *Von welchem Planeten kommt die denn?*

Das Wort „Eistee" führte ihn zurück ins Haus seiner Großmutter in Georgia. Eistee. Sein Mund zog sich zusammen beim Gedanken an den scheußlichen Geschmack des süßen Tees.

Er musterte den zerschlissenen bestickten Pullover. Ihren kleinen Hut. *Junge, Junge.* Er flog mit seiner Großmutter um die halbe Welt!

Die Flugbegleiterin schüttelte den Kopf. Roland verdrehte die Augen.

Um sich vor einer weiteren Unterhaltung zu schützen, nahm er einen Stoß Akten und Finanzzeitschriften aus seiner Aktentasche. Ein gefaltetes Blatt fiel ihm auf den Schoß. Das gehörte vermutlich dem asiatischen Mädchen, das im Wartebereich in Chongqing neben ihm gesessen hatte. Beide hatten sie ihre Sachen auf den Stuhl zwischen sich gelegt. Neugierig faltete er das Blatt auf und las.

Der Herr ist mein Hirte, mir wird nichts mangeln.

Das stimmt, dachte er. *Mir fehlt es an nichts.* Er dachte an seinen neuen BMW Z4 und daran, was für ein gutes Gefühl es war, ihn zu fahren.

Er las weiter, bis er an die Stelle kam: „… *und schenkst mir voll ein.*“ *Ja, mein Becher fließt tatsächlich über. Mein Bonus dieses Jahr wird doppelt so hoch sein wie letztes Jahr. Voll eingeschenkt, das kann man wohl sagen.*

Die Flugbegleiterin brachte ihm sein Bier.

„Mögen unsere Becher immer überfließen“, prostete er Judy mit seinem Bierglas zu.

Sehr zu seinem Erstaunen lachte sie und erwiderte den Toast mit ihrer Cola Light.

„Allerdings“, meinte sie.

Roland steckte den Zettel in die Sitztasche und lehnte den Kopf an die Rückenlehne, während das Flugzeug über die Startbahn rollte, beschleunigte und sich in die Lüfte erhob. Bis sie Reiseflughöhe erreicht hatten, herrschte wohltuendes Schweigen.

Für Roland war das Leben wie ein Schachspiel. Ein komplizierter Schachzug folgte dem nächsten, und er siegte immer. Geschäfte zogen ihn an wie die Motte das Licht. Und er hatte wirklich einen Riecher für die guten Deals. Seine gute Menschenkenntnis war ebenfalls von Vorteil, darum brachte er fast jedes Geschäft zum Abschluss. Der Wilson-Chamberlain-Deal war genial gelaufen. Während der Verhandlungen hatte er an einem wichtigen Punkt ein leichtes Blinzeln in den Augen des Gegners bemerkt … und seine Chance sofort genutzt. *Das hat so gut getan.*

„Haben Sie Kinder, Roland?“, unterbrach Judy seine Gedankengänge.

„Eine Tochter.“

„Ich habe fünf Kinder und einen großen Freundeskreis. Sie kommen alle.“

„Zu welcher Gelegenheit?“

„Na, zu Thanksgiving. Fliegen Sie nicht deswegen nach Hause?“

Roland schüttelte den Kopf. Er hatte Thanksgiving ganz vergessen. Sarah hatte eine Nachricht auf seinem Anrufbeantworter hinterlassen und ihn zum Essen eingeladen. Siedend heiß fiel ihm ein, dass er sie gar nicht zurückgerufen hatte. Thanksgiving war am Donnerstag. An diesem Abend war er mit seinen Finanzberatern im *Fleur de Lis* verabredet. Rindertournedos und Sauce Béarnaise – dazu einen guten Cabernet.

„Roland, Sie haben mich gerade an etwas Wichtiges erinnert! Mein Becher fließt wirklich über.“

„Meiner auch.“ Roland hatte dabei den guten Cabernet im Sinn. „Und noch besser geht es mir gleich, wenn ich eine Mütze voll Schlaf bekommen kann“, fügte er als kleine Anspielung hinzu. Demonstrativ nahm er die Schlafbrille heraus und setzte sie auf.

Der Becher dieser kleinen alten Lady interessierte ihn nicht. Sein eigener reichte ihm voll und ganz. Der Luxuswagen, das große Haus, die Erste-Klasse-Flüge und wichtige Geschäftsabschlüsse. Sein Penthouse. Es war herrlich, wie man sich überall um ihn bemühte, wenn er zur Tür hereinkam.

„Guten Morgen, Mr Shelby." Der Türsteher riss jedes Mal für ihn die Tür auf und hielt sie fest, bis er das Gebäude betreten hatte.

„Guten Morgen, Mr Shelby." Der Portier beeilte sich, den Aufzug herbeizurufen. So sah Erfolg aus. Nicht einmal auf den Aufzugknopf musste man selbst drücken.

Seine Wohnung war sehr groß und immer makellos sauber. Viel Glas, funkelnder Granit und poliertes Holz. Niemand, der sie schmutzig machte. Die meiste Zeit stand sie leer. Sarah hatte jetzt ihre eigene Wohnung, und für eine neue Beziehung blieb ihm einfach nicht genügend Zeit. Er hatte es geschafft. Er hatte alles erreicht, was er in seinem Leben erreichen wollte.

„Verzeihung." Schon wieder Judy. „Äh, entschuldigen Sie?" Er schob seine Augenbinde hoch und sah, wie sie sich erhob.

„Tut mir leid, Sie zu stören, aber ich muss, äh, mir die Nase pudern."

Plötzlich ruckelte das Flugzeug und schon saß sie beinahe auf seinem Schoß. Er wollte ihr aufhelfen, wusste aber nicht so genau, wo er sie anfassen sollte. Zum Glück schaffte sie es schließlich auf den Gang.

Seine Maske hing ihm jetzt seitlich auf der Nase und seine Krawatte war verrutscht. Schnell zog er den Knoten gerade. Kopfschüttelnd wanderte sein Blick zu ihrem leeren Platz. *Manche Leute geben sich mit so wenig zufrieden.* Er hingegen wusste die schönen Dinge des Lebens zu schätzen.

Während er genüsslich sein Bier schlürfte, plante er seinen Abend. Er würde sich vom Fahrer zum Browning Club bringen lassen. Mittwochs gab es dort ein hervorragendes Porterhouse

Steak. Sein Blick blieb an seinen Unterlagen hängen. Unschlüssig runzelte er die Stirn. Nein, die könnte er heute Abend auch noch durchsehen, entschloss er sich.

Erinnerungen an das alte Haus in Georgia schlichen sich in seine Gedanken ein. Im Stillen verfluchte er Judy. Mit ihrem Gerede von Eistee und Thanksgiving hatte sie ihn an die alten Zeiten erinnert, und jetzt musste er sich Dingen stellen, die er lange Zeit erfolgreich verdrängt hatte.

In seiner Kindheit hatte es an allen Ecken gefehlt – an Essen, Geld, Kleidern. Am Ende des Monats hatte seine Mutter die Mahlzeiten immer gestreckt. Er und seine Brüder hatten sich häufig eine Packung Fertignudeln geteilt. Sie waren eigentlich immer hungrig gewesen. Nur zu Thanksgiving gab es genug zu essen. Jeder durfte sich auf den Teller tun, so viel er wollte. Damals hatte er sich geschworen, dass er nie wieder hungern würde.

In seinem Penthouse bereitete nun eine Köchin seine Mahlzeiten zu. Liebevoll strich er über den weichen Kaschmirstoff seines Jacketts und rückte die edle Seidenkrawatte zurecht. *Ja*, dachte er, *mein Becher ist wirklich voll.* Das Vergangene war vorbei.

„Entschuldigen Sie."

Judy war wieder da. Sofort sprang Roland auf, um sie zu ihrem Platz durchzulassen. Als er wieder saß, schloss er schnell die Augen, um ihr zu signalisieren, dass er nicht an einem Gespräch interessiert war.

„Ta-da!" Judy riss ihn aus dem Schlaf. Als Roland die Augen öffnete, stand ein kleines Gebäckstück auf dem Klapptisch. „Pekannusstörtchen!", verkündete Judy. „Fröhliches Thanksgiving!"

Roland beäugte kritisch das kleine Törtchen mit der butterigen, flockig-leichten Kruste, der cremigen Füllung und den Nüssen obendrauf.

Das war so gewöhnlich. So altmodisch. So … er betrachtete die braune Kruste. Es sah *köstlich* aus.

Er steckte es in den Mund.

Sämtliche Geschmacksknospen explodierten – Butter, ein Hauch von Ahornsirup, Nüsse, Creme. Der Geschmack des Törtchens riss ihn fort, zurück an den Küchentisch seiner Großmutter, den einzigen Ort, an dem er je satt geworden war.

„Mhmmm", war alles, was er herausbrachte. Dieses Törtchen hatte etwas in ihm zum Einsturz gebracht, und er war wieder sechs Jahre alt. „Mhmmmmmm", wiederholte er und leckte sich über die Lippen, um auch den letzten Krümel zu erhaschen. „Mhmmmmmm", machte er noch einmal, bevor ihm auffiel, dass der Mann auf der anderen Seite des Ganges irritiert zu ihm herüberstarrte.

Er vertiefte sich in die Unterlagen zu dem Wilson-Chamberlain-Deal, doch seine Gedanken kehrten immer wieder zu diesem Törtchen zurück. Mit Thanksgiving waren so viele Erinnerungen verbunden.

„Haben Sie das selbst gebacken?", fragte er.

Sie nickte. „Alles andere bereite ich im Haus meines Sohnes vor. Das wird ein Fest!" Ein träumerischer Ausdruck legte sich auf ihre Augen.

„Mein Sohn meint, nur der Truthahn sei wichtig. Er sucht ihn aus und wird in aller Frühe aufstehen, um ihn in den Ofen zu schieben. Aber der Truthahn ist nicht alles."

Roland nickte.

„Es sind die Beilagen!"

„Ja." Wie witzig, dass er ihr tatsächlich zustimmen musste.

Lächelnd reichte sie ihm ein zweites Törtchen. Ein paar Krümel rieselten auf seine Seidenkrawatte, aber das bemerkte er gar nicht.

„Mhmmm." Himmlisch! Dieses Mal war ihm egal, wer ihn hörte.

„Möchten Sie wissen, wie ich die Soße mache?"

„Die Soße?" Sauce Béarnaise und Rindertournedos waren plötzlich unwichtig geworden, verdrängt durch die Bratensoße – duftende, dampfende, braune Bratensoße.

„Zu Thanksgiving ist die Bratensoße das Wichtigste", fuhr Judy fort. „Also, zuerst …"

„Innereiensoße?"

„Natürlich." Sie holte Luft. „Also, zuerst wird das Mehl angebräunt. Das ist das Geheimnis. Auf diese Weise verdampft alle Feuchtigkeit. Es gibt keine Klümpchen, und die Soße wird schön sämig. Man gibt eine halbe Tasse Mehl in eine Pfanne und rührt so lange um, bis das Mehl hellbraun wird. Aber Sie müssen sehr aufpassen. Es brennt leicht an. Dann stellt man die Pfanne beiseite und kocht die Innereien."

Roland hörte fasziniert zu.

„Wenn der Truthahn gar ist, gibt man eine Tasse Bratenfett zu dem gebräunten Mehl in der Pfanne. Das zischt ordentlich. Man verrührt die Masse zu einer Paste. Mmmmm, der Duft – ich kann ihn beinahe riechen! Dann gibt man die Fleischbrühe dazu, immer nur eine Tasse auf einmal. Sechs Tassen insgesamt. Man rührt um und sieht zu, wie die Soße andickt. Salz und Pfeffer dazu, und schon ist die cremigste und leckerste Soße fertig."

Roland schloss die Augen. Das Wasser lief ihm im Mund zusammen bei ihren Schilderungen. Er saß wieder am Tisch seiner Großmutter und er konnte an nichts anderes denken als an die Bratensoße.

„Wissen Sie, was das Beste am Thanksgivingessen ist?", fragte Judy.

Bilder von einem Truthahn mit Füllung, Maisbrot und Bratensoße standen ihm vor Augen.

„Das Beste sind die Reste."

„Oh ja", stimmte er händereibend zu, „die Reste."

„Meine Enkelkinder warten immer ganz ungeduldig auf den nächsten Tag, wenn sie sich ein Truthahnsandwich machen können. Wissen Sie, wie ein richtig gutes Truthahnsandwich gemacht wird?"

Er schüttelte den Kopf. Seine Unterlagen waren vergessen. „Erzählen Sie", forderte er sie auf.

„Man nimmt *drei* Scheiben Brot und nicht nur zwei." Sie hielt inne.

„Nur weiter."

„Eine Scheibe wird mit den Resten der Bratensoße getränkt."

Sein Magen begann zu knurren.

„Diese Scheibe bildet die Mitte – dann wird das Sandwich nicht zu trocken. Dann wird sie mit Truthahnscheiben, Cranberrysauce, etwas Mayonnaise und Kartoffelchips belegt, damit es richtig knusprig wird."

Er dachte an seinen leeren, blitzsauberen Kühlschrank. Seit er seine Frau verlassen hatte, hatte es bei ihm keine Reste mehr gegeben.

Sie lehnten sich in ihren Sitzen zurück, als hätten sie gerade das Thanksgivingessen beendet. Roland schloss die Augen. Die Zeit verging und Rolands Gedanken drehten sich wieder um sein Geschäft und seine Abschlüsse und Pläne. Doch irgendwie kehrten sie immer wieder zum Essen zurück.

„Cranberrysauce mit Beeren?", fragte er. „Oder geliert?"

„Beides!", antwortete sie.

Vor seinem inneren Auge sah er den gedeckten Tisch vor sich, der Truthahn prangte in der Mitte und wartete darauf, angeschnitten zu werden. Die Limabohnen warteten in ihrer ovalen Schüssel, mit einem Klecks Butter, der langsam schmolz.

„Mit Füllung? Oder Dressing?", fragte er.

„Mit beidem!"

Mit beidem! Oh, er liebte die Füllung des Vogels und das Dressing, knuspriges Maisbrotdressing in einer Auflaufform. Er sah die Hände seiner Großmutter, von zwei dicken Topflappen geschützt, die Auflaufform in der Hand, förmlich vor sich, wie sie das Dressing zum Tisch brachte.

„Reis? Oder Stampfkartoffeln?"

„Beides!"

Die Stampfkartoffeln mit Butter und kleinen Tupfern saurer Sahne waren ein unvergleichlicher Genuss.

Die nächste Frage brachte er kaum über die Lippen. „Pekan Pie? Oder Kürbis?"

„Pies! Oh, die Pies", schwärmte sie. „Pekan, Süßkartoffel, Schokoladensahne. Wie meine Mutter so schön sagte: Himmlischer Überfluss."

Es war kaum auszuhalten.

Die Flugbegleiterin stellte einen kleinen ovalen Teller mit einem Stück trockenem Hühnchen und ein paar grünen Bohnen vor ihn hin. Er nahm einen Bissen und schob das Essen dann zur Seite.

Judy blickte ihn an. „Bestimmt lieben Sie Thanksgiving genauso wie ich."

„Ich habe seit Jahren kein Thanksgiving mehr gefeiert", gestand er. „Nie genug Zeit."

„Ts,ts", machte sie missbilligend. „Wissen Sie, was das Allerbeste an Thanksgiving ist?"

Jetzt hatte sie Rolands ganze Aufmerksamkeit.

„Die Menschen! Die Menschen, die am Tisch sitzen."

Und auf einmal sah Roland sie vor sich. Ungebeten drängten sie sich in seine Gedanken. Seine Großmutter und sein Großvater. Seine Mutter und sein kleiner Bruder, mit großen Augen angesichts des Überflusses, der vor ihnen stand. Seine Tanten und Onkel. Sein Vater – das eine Mal im Jahr, das er ihn traf.

Plötzlich füllten sich Rolands Augen mit Tränen. Er hustete und tat so, als hätte er sich verschluckt.

„Kaffee?" Die Flugbegleiterin reichte jedem von ihnen einen Becher. Roland hielt seinen in den Händen.

Judy lächelte. „Vielleicht möchten Sie uns ja morgen Abend Gesellschaft leisten?"

Er starrte sie an. Sie lud ihn doch tatsächlich zum Thanksgivingessen ein!

„Ach, vergessen Sie's", sagte sie. „Sie sind sicher zu beschäftigt." Sie strich ihren Pullover glatt.

Er stellte sich vor, wie er an ihrem Tisch saß, im Kreis ihrer Familie, ihrer Nachbarn und Freunde. Er würde Reste mit nach Hause nehmen, ihre Reste. *Ihr* Becher war tatsächlich randvoll.

In seiner Hand hielt er den kleinen, jetzt leer getrunkenen Kaffeebecher der Fluggesellschaft. Er war in der Lage, das beste Essen zu genießen, das man mit Geld kaufen konnte. Er konnte sich den teuersten Wein der Welt leisten. Aber mit den *Menschen*, das war etwas anderes. Menschen konnte man sich nicht kaufen. Jedenfalls nicht wirklich.

„Die Tische bitte hochklappen", erinnerte die Flugbegleiterin sie.

Das Flugzeug setzte auf der Landebahn auf. Während sie zum Terminal rollten, griff Roland nach seinem Handy. Sarah hatte ihm eine Nachricht geschickt: *Komm vorbei, wenn du kannst. Wir haben ein paar Freunde zum Thanksgivingessen eingeladen, aber wir decken gern ein paar Plätze mehr ein.*

Er starrte auf sein Telefon. Warum war es so leicht, mit den mächtigsten Finanzgrößen der Welt zu telefonieren, aber so schwer, eine bestimmte junge Frau anzurufen? Er atmete tief durch und wählte ihre Nummer.

„Sarah", sagte er.

„Papa?" Sie klang erstaunt. „Was ist los?"

„Ich komme."

Stille.

Er fuhr fort. „Zum Essen – an Thanksgiving."

Immer noch nichts am anderen Ende. *Es ist zu spät*, dachte er, *zu viele Jahre sind vergangen. Zu viele Abendessen, die ich verpasst habe.*

„Ist schon in Ordnung, Sarah. Ich verstehe." Er stellte fest, dass er sich nicht rühren konnte.

Der Herr ist mein Hirte, dachte er, *aber mein Becher ist leer. Gott, bitte fülle meinen Becher.*

„Sarah?", fragte er.

Das Schniefen am anderen Ende machte ihm klar, dass sie weinte. „Ich bin noch dran, Papa."

„Kann ich kommen?", fragte er.

„Ja, Papa. Ich freue mich, wenn du kommst."

Ein tiefes Seufzen kam über seine Lippen, und ein Gefühl der Zufriedenheit erfüllte ihn, wie er es lange nicht gespürt hatte – ein himmlischer Überfluss, der nichts mit materiellen Dingen zu tun hatte. Es war die Art von Überfluss, bei dem Reste übrig blieben.

Judy nahm eine Karte aus einer ihrer Taschen. „Also, falls Sie doch kommen möchten, hier ist meine Adresse."

Roland warf einen Blick auf die Karte. *Judith Willingham Castleman.* Er lächelte. Judith Willingham Castleman gehörte zu den wohlhabendsten Frauen von New York City. Allein ihr Immobilienbesitz war enorm.

Während sie zum Flugsteig rollten, musste Roland an den überfließenden Becher denken. Alles, was ihm so wichtig gewesen war – Geschäfte, Besitz, Reichtum, Immobilien – brachten einen Becher nicht zum Überfließen.

Ein paar einfache Worte von Gott auf einem Zettel hatten ihm geholfen, sein Leben wieder in die richtige Perspektive zu rücken. Und ein einfaches „Ja, Papa, du kannst kommen" hatte sein Herz so voll gemacht, dass es tatsächlich überfloss. Ihm war voll eingeschenkt worden, und das hatte nichts mit seinem Wohlstand zu tun.

„Danke, Judy“, sagte er. „Dieses Jahr werde ich Thanksgiving mit meiner Tochter feiern. Mein Becher fließt über.“

„Himmlischer Überfluss?“, fragte Judy und freute sich an seinem zufriedenen Lächeln.

„Ja“, sagte er. „Ein himmlischer Überfluss.“

Kapitel 13

Gutes und Barmherzigkeit werden mir folgen mein Leben lang.

Das kleine Kaninchen lebte ganz allein in einer Lavendelhöhle im dunklen Wald.

Cornelia starrte den Satz auf ihrem Bildschirm an. Guter Anfang. Sie hatte sich eine kleine Belohnung verdient und steckte sich eine Praline in den Mund. Der erste Satz eines Buches war besonders befriedigend. Eigentlich hatte sie mehr als den ersten Satz auch noch gar nicht zu Papier gebracht.

Was jetzt? Cornelia dachte über ihre Geschichte nach. Sie konnte die Einsamkeit des kleinen Kaninchens gut nachempfinden. Auch ihre Welt schrumpfte zusammen und hatte sich mittlerweile auf ein Zimmer im Seniorenheim reduziert.

Das Zimmer entsprach nicht annähernd ihren Erwartungen. In ihrem eigenen Haus hatte sie jedes Zimmer mit besonderer Sorgfalt dekoriert gehabt. Lavendel war schon immer ihre Lieblingsfarbe gewesen. *Jedes Zimmer braucht einen Hauch Lavendel*, hatte sie einmal in einer Zeitschrift gelesen und daraufhin hatte jedes Zimmer in ihrem Haus auch tatsächlich einen Hauch Lavendel bekommen. Jetzt schienen alle diese Akzente sie begleitet und ihr Zimmer in einen einzigen großen Korb voller Lavendel verwandelt zu haben.

Natürlich hatte sie sich „verkleinern" müssen, und ihr Besitz beschränkte sich jetzt auf den Inhalt einer Kommode, eines kleinen Schrankes und eines Schreibtischs. Ein paar Fotos schmückten ihre Kommode: Ihre Tochter Tanya im Talar bei ihrer Examensfeier am College. Carl hatte den Arm um sie gelegt, und wie immer lächelte er. Sie hatte geglaubt, ihn immer an ihrer Seite zu haben. Doch jetzt hockte sie hier in diesem kleinen Zimmer, allein mit dem kleinen Kaninchen.

Sie wandte sich von Carls Foto ab. Immer noch strafte sie ihn mit Schweigen. Es war schwierig, jemandem, der verstorben war, die kalte Schulter zu zeigen, aber wenn jemand die Kunst der Kommunikationssperre beherrschte, dann war es Cornelia.

Der Cursor auf ihrem Bildschirm blinkte unermüdlich, während sie ihren Gedanken nachhing. Kopfschüttelnd wandte sie sich schließlich wieder ihrem Computer zu und tippte:

Eines Tages beschloss das kleine Kaninchen, sich in die Welt hinauszuwagen. Es verließ seine Höhle und hoppelte vorsichtig in den großen Wald. Schnipp. Schnapp. Ein großer Habicht stürzte herab und verschlang das kleine Kaninchen!!!

Cornelia setzte noch ein paar Ausrufezeichen mehr. Sie lachte in sich hinein, doch dann wurde ihr mit Entsetzen klar, dass sie gerade die Hauptfigur ihrer Geschichte bereits im ersten Absatz eliminiert hatte. Wie konnte sie so etwas tun? Schnell löschte sie den Absatz. Wenn ihr Held gleich zu Anfang starb, würde sie die Geschichte nie zu Ende bringen.

Ihr Herz begann zu rasen, seltsam hüpfend, und sie spürte ein schwaches Ziehen in ihrer Brust. Sie zwang sich, ganz ruhig und tief durchzuatmen. Nur nicht auf die Krankenstation! Dort war es noch trostloser als in ihrem Lavendelzimmer.

Cornelia starrte auf den Computerbildschirm. Schuldgefühle plagten sie wegen ihrer Gedanken und dem frühzeitigen Ableben des kleinen Kaninchens. Entschlossen fuhr sie den Computer herunter und gönnte sich noch zwei Pralinen. Diese kleine Stärkung war jetzt nötig. Ihre Tochter Tanya wollte zum Abendessen kommen. Sie wusste genau, was sie von ihr wollte, doch sie war nicht bereit, ihr nachzugeben.

Tanya wollte, dass sie Carl verzieh und ihr Schweigen beendete.

„Hey, Mama, wir sind gerade gelandet.“ Energiegeladen und noch in Uniform schneite Tanya ins Zimmer. Sie warf ihren Mantel aufs Bett und ließ sich in einem der beiden Sessel nieder.

„Wo warst du dieses Mal?“ Cornelia konnte noch immer nicht recht glauben, dass ihre Tochter als Flugbegleiterin um die Welt jettete, jeden Tag in eine andere Stadt. Wie hatten sie und Carl, die Martinsville nie verlassen hatten, eine solche Weltenbummlerin großziehen können?

„Von Los Angeles nach New York, dann ein kurzer Abstecher nach Baltimore.“ Tanya holte Erdnüsse und Biscottikekse aus ihren Taschen, kleine Leckerbissen, die ihre Mutter liebte, wie sie wusste. „Und ich habe dir noch etwas mitgebracht. Das hier habe ich in einer der Sitztaschen in der ersten Klasse gefunden. Ich hatte den Eindruck, dass es dir gefallen könnte.“

Sie reichte ihrer Mutter das gefaltete Blatt. Cornelia warf einen Blick darauf und schob den Zettel angewidert von sich fort. Er war zerknittert und alt, wie sie, und sie wollte ihn sich nicht ansehen.

Tanya hatte sie überredet, in dieses Seniorenwohnheim zu ziehen – wegen der Gesellschaft, dem Bingospielen und den Tanzstunden, den Lesezirkeln und den Filmabenden. Was sollte sie mit Tanzstunden? Dabei würde ihr vermutlich die Hüfte aus dem Gelenk springen.

„Hast du was geschrieben?“, fragte Tanya.

Cornelia antwortete nicht.

„Hast du den Computer ausprobiert, wie ich es dir gezeigt habe?"

Tanya hatte den Computer vergangene Woche aufgebaut. Schon lange hatte Cornelia ein Kinderbuch schreiben wollen. Ihr Leben lang hatte sie sich um Kinder gekümmert. Wie viele Bücher hatte sie schon vorgelesen und wie viele Bilder gemeinsam mit wissensdurstigen Kindern angeschaut. „Miss Conny" nannten sie sie. Miss Conny konnte richtig gut vorlesen. Sie hauchte den Figuren Leben ein, ließ jede mit unterschiedlicher Stimme und Akzent sprechen. Wie liebte sie die Vorlesezeit! Mit Büchern konnte sie um die ganze Welt reisen, ohne jemals ihren lavendelfarbenen Sessel verlassen zu müssen.

„Heute fahren wir nach Japan", hatte sie zu den Kindern gesagt und ein Bilderbuch herausgeholt, auf dem Mädchen in Kimonos zu sehen waren. Oder: „Wir reisen in den Wilden Westen." Oder nach Alaska oder Afrika. Bücher waren ihre persönliche Fluggesellschaft.

Ihr größter Wunsch war es immer gewesen, eigene Geschichten zu schreiben, doch wenn sie sich jetzt an den Computer setzte, starrte sie nur auf den Bildschirm, und es kam nichts. Oder schlimmer noch, sie tötete unschuldige flauschige Tiere!

„Noch nicht", erwiderte sie wahrheitsgemäß auf die Frage ihrer Tochter.

Sie hatte gelesen, hinter einer Schreibblockade stecke letztlich nichts anderes als Angst. Vielleicht stimmte das. Ohne Zweifel war ihr die Welt sicherer erschienen, als Carl noch bei ihr gewesen war. Er war ihr Fels und ihr Halt. Solange er da war, hatte sie das Gefühl gehabt, alles schaffen zu können.

„Bereit zum Abendessen?", fragte Tanya. Sie richtete ihre Haare und bemerkte die Stimmung ihrer Mutter nicht.

Cornelia blickte in den Spiegel und zuckte die Achseln. Wieder ein Essen im Speisesaal. Und wieder lag ein einsamer Abend vor ihr. Wie sie dabei aussah, war doch egal. Cornelia stützte sich auf ihren Rollator, und langsam machten Mutter und Tochter sich auf den Weg zum Speisesaal.

„Hallo, Mrs Banks", rief Tanya June Banks zu. June winkte ihnen fröhlich von ihrem Platz am anderen Ende des Saales aus zu, wo sie mit den anderen Tratschtanten zusammensaß.

„Ich verstehe gar nicht, warum du dich nicht mit June anfreundest", bemerkte Tanya dann an ihre Mutter gerichtet. „Sie ist so aufgeschlossen und nimmt immer Gebetsanliegen entgegen."

„Gebetsanliegen? Oder vielleicht doch eher Stoff zum Tratschen?", fragte Cornelia schnaubend.

„Hallo, Dr. Frank." Tanya winkte einem Mann zu, der in einem Rollstuhl gleich vorn im Saal saß. „Was ist mit ihm? Er hat so lustige, vor Schalk blitzende Augen. Früher war er Zahnarzt, und ich finde ihn sehr nett."

„Ja, ungefähr so nett wie Zahnschmerzen", erwiderte Cornelia. „Am vergangenen Dienstagmorgen waren aus allen Zimmern die dritten Zähne verschwunden. Es stellte sich heraus, dass Dr. Frank alle eingesammelt hatte, weil er glaubte, in seiner Praxis zu sein. Wirklich alle. Ich werde in Zukunft auf mein Gebiss aufpassen wie auf die Kronjuwelen, das kannst du glauben."

Tanya lachte. „Also gut. Aber hier muss es doch jemanden geben, mit dem du dich verstehst."

Sie holten sich Tabletts und trafen ihre Wahl: Hühnerfrikassee auf Toastecken.

Als sie sich gerade am Tisch niedergelassen hatten, fing Tanya auch schon an: „Mama, ich finde, du solltest morgen mit mir zum Friedhof gehen."

„Wann bist du eigentlich so eine Nervensäge geworden? Mir ist einfach nicht danach. Die Kommunikationssperre gegen Carl ist noch nicht aufgehoben."

„Mama, Papa ist tot", erwiderte Tanya. „Du kannst einen Toten nicht mit Schweigen strafen."

„Es macht tatsächlich nicht so viel Spaß wie bei einem Lebenden."

„Vielleicht ist es an der Zeit, ihm zu vergeben. Er hat es immer gehasst, wenn du ihm die kalte Schulter gezeigt hast."

Cornelia antwortete nicht. Es stimmte, Carl hatte es immer furchtbar gefunden, wenn sie nicht mit ihm redete. Sie erinnerte sich noch gut daran, wie er sie manchmal bat: „Conny, bitte. Mach das nicht mit diesem eisigen Schweigen. Alles andere, aber nicht das." Und die ganze Zeit hatten seine Augen fröhlich gefunkelt, was sie noch wütender machte.

„Na los, Conny", sagte er dann. „Komm schon, schlag mich. Hier." Er deutete auf sein Kinn. „Aber bitte rede mit mir."

Cornelia musste lächeln, als sie daran dachte, doch sofort riss sie sich wieder zusammen. Sie wandte sich dem Essen zu und beschloss, Tanyas Aufforderung einfach zu ignorieren.

„Also gut, Mama", sagte Tanya, als sie sie zum Abschied umarmte. „Ruf mich an, wenn du deine Meinung änderst."

Cornelia umarmte Tanya fest. Es fiel ihr schwer, sie gehen zu lassen, allein zurückbleiben zu müssen – allein mit dem kleinen Kaninchen in seiner Lavendelhöhle.

Nachdem Tanya gegangen war, setzte sich Cornelia wieder an ihren Computer. Sie zog die Tastatur zu sich heran und begann zu tippen.

Das kleine Kaninchen lebte ganz allein in einer Lavendelhöhle im dunklen Wald.

Dieses Mal musste es aber etwas werden! Dass Tanya sie aber auch immer wieder damit belästigte, Carl zu besuchen! Warum ließen die Leute – Tanya, um genau zu sein – sie nicht einfach in Ruhe?

Cornelia wandte sich wieder dem Bildschirm zu und tippte weiter.

Das kleine Kaninchen streckte vorsichtig den Kopf aus seiner Höhle heraus.

Das kleine Kaninchen hatte eine Fülle von Möglichkeiten. Auch in Cornelias Leben hatte es eine Zeit gegeben, in der alles möglich erschienen war.

Ein Adler könnte herabstoßen und das kleine Kaninchen verspeisen. Ein tosender Fluss könnte es mit sich reißen, oder es könnte in ein Gewitter geraten und vom Blitz erschlagen werden …

Sie schaute auf ihre Hände herunter, die zu Fäusten geballt waren, wie bei einem Boxer, der bereit war zuzuschlagen. Sie drehte sich um und blickte zum Fenster hinaus. Nachdem sie das Leben des kleinen Kaninchens nun schon zum zweiten Mal vorzeitig beendet hatte, verfiel ihr Herz wieder in diesen seltsamen Rhythmus, doch dann normalisierte sich ihr Herzschlag wieder, wurde gleichmäßiger. Sie atmete tief durch.

„Ich möchte dir ja vergeben, Carl“, sagte sie zu seinem Foto, „aber ich kann nicht.“

„Bitte kein eisiges Schweigen.“ Seine Augen mit den herrlichen Lachfältchen auf dem Foto waren auf sie gerichtet und riefen ihr diese Worte in Erinnerung, die er oft zu ihr gesagt hatte.

Sie drehte sich zu dem Foto an der Wand um. „Ich vermisse dich“, gestand sie leise.

Da lag immer noch der Zettel, den Tanya im Flugzeug gefunden hatte. Die Einsamkeit ihres Zimmers schien Cornelia zu ersticken. Was wohl auf dem Zettel stand? Tanya hatte gemeint, es würde ihr gefallen. Gespannt faltete sie das Blatt auseinander.

Ein alter Psalm, den sie als Kind auswendig gelernt hatte. Ihr Blick blieb an einem Satz ganz am Ende hängen – *Gutes und Barmherzigkeit werden mir folgen mein Leben lang.* Stimmte das?

Nein, wirklich nicht. Vielleicht war es früher so gewesen. Da war Gutes mit ihrem Leben verwoben gewesen wie die Einzelteile des Quilts, den sie für Tanya genäht hatte – aber die Nähte lösten sich langsam auf. Zuerst war Tanya von zu Hause ausgezogen und aufs College gegangen. Nach ihrem Examen hatte sie eine Stelle bei einer Fluggesellschaft angenommen und wohnte jetzt in der Stadt.

Dann hatte Carl sie verlassen. Nicht körperlich – sein Geist war fortgegangen. Als Carl zum ersten Mal verschwunden war, hatte sie einen riesigen Schreck bekommen. Noch nie hatte er das Haus verlassen, ohne ihr Bescheid zu geben. Voller Sorge hatte sie in jedem Zimmer nach ihm gesucht, und als sie begriffen hatte, dass er nicht im Haus war, hatte sie versucht, sich in ihn hineinzuversetzen und sich den Kopf zerbrochen, wo er hingegangen sein könnte. Aber genau da lag das Problem: Er handelte nicht mehr nachvollziehbar. Sein Gehirn funktionierte nicht mehr richtig.

Natürlich hatte sie sofort die Polizei verständigt, die zum Glück auch nicht lange auf sich warten ließ. Die Nachbarn standen an ihren Gartenzäunen, um zu sehen, was los war. Etwas später wurde Carl aufgegriffen. In Bademantel und Pantoffeln ging er auf der Umgehungsstraße spazieren.

Das war der Anfang vom Ende gewesen, wie sie es jetzt wusste.

Diese unfreiwillige Reise hatte ihn auf die Alzheimer-Pflegestation und sie ins Seniorenheim gebracht. Es hatte sie erstaunt, wie glücklich Carl auf der Station gewesen war, wie zufrieden in seiner kleinen Welt, seinem kleinen Zimmer. Aber sie war für diese Enge noch nicht bereit gewesen. Sie konnte es nicht ertragen zuzusehen, wie ihre Welt zu einem lavendelfarbenen Kokon zusammenschrumpfte. Das war nicht fair.

Ihr Blick senkte sich erneut auf das Blatt mit dem Psalm. Es war schon ziemlich zerknittert. Anscheinend hatte es jemand eine ganze Weile bei sich getragen. Und es war mit Flecken übersät. Ein kleiner Kaffeefleck an der Ecke, etwas Undefinierbares in der Mitte, roter Lippenstift und auch ein paar Fettflecken. Ihr kreativer Geist stellte sich vor, woher diese Flecken wohl stammten und wie das Leben dieser Menschen wohl aussah. Bestimmt waren es ganz gewöhnliche Leute, genau wie sie.

Cornelias Blick wanderte über die Fotos auf ihrer Kommode. Was für ein erfülltes und schönes Leben hatte sie doch gehabt!

„Was ist denn nur geschehen, Carl?“, sagte sie zu Carls Foto. „Warum hast du mich verlassen?“

Carls allererste Worte an sie, die er vor langer Zeit nach einem Schulball ausgesprochen hatte, hatte sie noch heute im Ohr: „Darf ich dich nach Hause begleiten?“ Heutzutage galt so etwas als altmodisch, aber damals fand sie es überaus romantisch. Sie sah ihn noch vor sich, wie er dastand – die Haare kurz geschnitten, sein kaffeebraunes Gesicht und die tief liegenden, dunklen Augen hinter der Nickelbrille.

„Ach, Carl“, sagte sie. „Ich wünschte, du würdest mich noch einmal nach Hause begleiten.“

Die Erinnerungen kamen zurück, gute Erinnerungen. Der Campingurlaub mit Carl und Tanya im Cloudland Canyon. Es hatte in Strömen geregnet, das Wasser war ins Zelt getropft, und sie hatten viel Spaß gehabt in ihrem Bemühen, den Tropfen auszuweichen. Die Grillfeste mit Freunden, Nachbarn und Leuten aus der Gemeinde in ihrem großen Garten. Carl hatte immer am Grill gestanden, die Grillzange in der Hand und diese alberne Kochmütze auf dem Kopf, die Cornelia immer so peinlich gefunden hatte.

Bis zu diesem Punkt war ihr Leben von Gutem und Barmherzigkeit erfüllt gewesen, das konnte man sagen. Sie hatten ein schönes Leben gehabt, ein vollkommenes Leben.

Doch jetzt war alles anders.

Sie starrte auf den Zettel. Die große Frage war, woher sie wissen sollte, ob sie Gott auch ihre Zukunft anvertrauen konnte. Sie fühlte sich genauso hilflos wie das kleine Kaninchen.

„Gutes und Barmherzigkeit werden mir folgen mein Leben lang“, las sie laut, und die Worte *werden mir folgen* stachen hervor. Folgen konnte einem ja nur dann etwas, wenn man in Bewegung war. Gott hatte ihr Carl an die Seite gestellt, der sie durch den größten Teil ihres Lebens begleitet hatte. Jetzt musste sie allein weitergehen. Sie konnte Gott beinahe fragen hören: *„Darf ich dich nach Hause begleiten?“*

„Kann ich dir vertrauen, Gott?“, fragte sie. „Wirst du mein Fels sein?“

Andere Erinnerungen kamen zurück. Ihr Leben war gut gewesen, aber auch nicht ohne Probleme. Da standen sie in der Ambulanz des Krankenhauses, die kleine Tanya im Arm, die hohes Fieber hatte. Carl hatte gebetet, und dann war das Fieber gesunken. Und dann saß Cornelia mit Carl in der Praxis des Arztes und umklammerte seine Hand, als sie die Diagnose erhielt: Brustkrebs. Gottes Güte und Gnade waren dennoch jeden Tag spürbar gewesen, wenn sie und Carl alles, was ihnen Angst machte, im Gebet vor ihn brachten.

Und Gutes und Barmherzigkeit waren auch da gewesen, als Carl seinen Job in der Fabrik verlor. Und wieder, als sie vor ihrer letzten Dose Bohnen saßen. Sie hatten alles gemeinsam überstanden, und Gott war da gewesen.

Cornelia nahm Carls Foto zur Hand. Und auch die

schmerzlichen Erinnerungen kehrten zurück – Carl, der sie mit leeren Augen anstarrte, stumm und ratlos, nicht mehr er selbst.

„Warum?", fragte sie weinend. Ihre Tränen tropften auf das Glas vor Carls Gesicht und rollten hinunter auf den Psalm in ihrem Schoß. „Warum strafst du mich mit Schweigen?"

Da. Das war es.

Es war schlimmer gewesen als alles andere, als alles, was ihr je hätte passieren können. Carl hatte sie vergessen.

„Gott, bitte vergiss mich nicht auch", betete sie unter Tränen. „Bitte zeig mir nicht die kalte Schulter."

Sie atmete tief durch. Ihr Herzschlag verlangsamte sich. Liebevoll hielt sie das Foto in den Händen und blickte in die gütigen Augen ihres Ehemannes. Dann stellte sie das Bild wieder an seinen Platz auf der Kommode.

Den Psalm in den Händen haltend, erkannte sie auf einmal, dass Gott ihr vielleicht durch dieses zerknitterte Papier zusagen wollte, dass er ihr wirklich ihr Leben lang mit Gutem und Barmherzigkeit folgen würde und nicht an der Schwelle des Seniorenheims innegehalten hatte. Und ganz langsam, Zeile für Zeile, ebbte ihr Zorn ab und wich langsam der Dankbarkeit. Gott strafte sie nicht mit Schweigen.

„Danke, Gott", sagte sie. „Danke, Carl."

In der Stille ihres lavendelfarbenen Zimmers konnte sie Gottes Gegenwart wieder spüren. „Also gut, Gott", sagte sie. „Ich höre dich."

Sie war nicht allein in ihrem lavendelfarbenen Zimmer.

„In Ordnung, Gott", sagte sie schließlich. „Du darfst mich nach Hause begleiten."

Cornelia atmete tief ein und ließ die Luft entweichen. Sie starrte auf den blinkenden Cursor. „Du bist nicht so leicht totzukriegen, kleines Kaninchen", sagte sie zu dem Bildschirm und begann zu tippen.

Das kleine Kaninchen verließ die Sicherheit seiner Höhle.

Das fühlte sich richtig an. Groß. Was in ihrem Leben noch geschehen würde, wusste sie nicht, aber sie konnte darauf vertrauen, dass Gott bei ihr sein würde.

Als sie den Computer ausschaltete, sah sie ihr Spiegelbild im Monitor. Behutsam berührte sie ihre faltige Haut und die grauen Haare.

„Du bist nicht so leicht totzukriegen, kleines Kaninchen", wiederholte sie an ihr Spiegelbild gewandt. „Nun denn, Carl", sagte sie dann zu seinem Foto. „Die Kommunikationssperre ist aufgehoben."

Sie nahm den Zettel mit dem Psalm zur Hand und überlegte, was sie damit tun sollte.

Er ist wie ich, dachte sie, *alt und zerknittert und mit ein paar Macken verunziert, aber das, was er aussagt, ist immer noch stark und gut. Gott ist noch nicht fertig mit mir.*

„*Gutes und Barmherzigkeit werden mir folgen mein Leben lang*", las sie. Und wer wusste schon, wie lang das noch sein würde? Sie würde nicht länger so dahinvegetieren, als sei ihr Leben schon vorbei, nur weil es jetzt anders war.

Entschlossen nahm sie den Telefonhörer zur Hand und wählte Tanyas Nummer. „Ich bin so weit. Morgen möchte ich Carl besuchen."

„Oh, Mama! Ich hole dich um zehn Uhr ab."

Cornelia saß wartend in der Eingangshalle, die Hände gefaltet, den Mantel zugeknöpft und den Hut auf dem Kopf, den Carl am liebsten an ihr gemocht hatte.

Dr. Frank rollte vorbei.

„Hallo! Was machen Ihre Zähne?", fragte Cornelia.

Dr. Frank blickte nachdenklich drein. „Sie sollen nächsten Dienstag fertig sein."

Cornelia lächelte, und Dr. Frank lächelte zurück. June Banks winkte ihr vom anderen Ende der Halle aus zu. „Gehen Sie aus?", fragte sie neugierig.

Wieder lächelte Cornelia. Ihre Gesichtsmuskeln wurden ja ziemlich strapaziert an diesem Tag. „Ja. Ich besuche meinen Mann."

June wirkte überrascht und Cornelia lachte in sich hinein. *Tja, das ist doch mal etwas für deine Gebetsliste.*

Tanya betrat die Eingangshalle und umarmte ihre Mutter. „Du siehst toll aus."

Gemeinsam gingen sie zur Tür und traten hinaus in die helle Morgensonne. Ein Hauch von Unsicherheit beschlich Cornelia. „Mein Leben lang …", flüsterte sie sich selbst Mut zu.

Bis zum Friedhof war es nicht weit und nur ein kurzer Spaziergang bis zu Carls Grab. Cornelia strich mit den Fingern über seinen in den Grabstein eingemeißelten Namen.

„Verzeih mir, Carl. Ich liebe dich."

Sie legte die Blumen auf das Grab und den Psalm daneben. „Danke, Carl. Für alle guten Jahre. Dreiundsechzig Jahre Ehe. Wie glücklich können wir sein. Gott war treu in all diesen Jahren. Warum sollte ich jetzt an ihm zweifeln?"

Tanya ergriff ihre Hand, und gemeinsam standen sie am Grab und gaben sich dem Augenblick hin. Als sie langsam zum Wagen zurückkehrten, kam ein sanfter Wind auf.

In ihrem Zimmer schaltete Cornelia den Computer an. Der Zorn und die Bitterkeit waren verschwunden. Sie tippte:

Das kleine Kaninchen lebte ganz allein in einer Höhle im Wald. Eines Tages beschloss das kleine Kaninchen, die Sicherheit seiner Höhle hinter sich zu lassen und sich die Welt anzusehen.

Als es aus der Dunkelheit in die Helligkeit des grünen

Waldes hoppelte, verwandelte es sich in einen roten Fuchs. Seine Fuchsbeine setzten sich in Bewegung, und seine Hoppelhüpfer wurden zu großen Sprüngen.

Mitten in einem besonders hohen Sprung verwandelte der Fuchs sich in ein Reh und tanzte über die Waldwege, sprang mühelos über die auf dem Boden liegenden Baumstämme und Wurzeln hinweg. Es segelte über einen großen Felsbrocken, und mitten im Sprung verwandelte es sich in einen Adler.

Der Adler flog höher und immer höher hinauf, bis er nur noch ein kleiner Fleck am Horizont war, auf das Licht zu. Und das Licht wartete auf ihn, um ihn willkommen zu heißen.

Dieses Mal löschte Cornelia keine Zeile, sondern speicherte den Text ab.

Gott war gut und gnädig zu ihr gewesen. Jetzt hatte sich ihr Leben verändert, doch Gott war immer noch gut und immer noch gnädig. Seine Güte und Barmherzigkeit würden ihr ihr Leben lang folgen – nicht nur hier auf der Erde, sondern auch danach.

Die Enge ihrer Welt war nur vorübergehend. Eine unendlich große neue Welt erwartete sie. Und eines Tages würde Gott sie nach Hause begleiten, und dort würde Carl auf sie warten.

Kapitel 14

Und ich werde bleiben im Haus des Herrn immerdar.

In Raum 4 der Intensivstation schrillte der Alarm los.

Nach sechs Wochen des langsamen, aber stetigen Fortschritts gab es Komplikationen bei Kate McConnell. Noch vor fünf Minuten war alles normal gewesen. Dr. Belding hatte seine Runde gedreht, und die Krankenschwestern saßen im Schwesternzimmer und plauderten über ihre Pläne für den Abend. Kates Mann und ihr Sohn waren gerade nach unten gegangen, um eine Tasse Kaffee zu trinken.

Zwei Schwestern eilten an Kates Bett und überprüften die Anzeigen an den Maschinen. „Blutdruck: sechzig zu vierzig", rief eine. „Sofort den Notruf auslösen."

Dr. Belding beendete gerade seine Visite auf der Intensivstation, als er den Alarm hörte. „Wie sind ihre Vitalzeichen?", fragte er, als er in Kates Zimmer stürmte.

Die Schwestern überprüften die Monitorverbindungen und Infusionen. „Blutdruck sechzig zu zwanzig. Puls: eins zehn. Sauerstoffsättigung: sechzig."

„Druck des Beatmungsgeräts?"

„Normal", erklärte die Schwester frustriert.

„Luftröhre absaugen", ordnete Dr. Belding an.

Die Schwester war bereits dabei, den Schlauch für die künstliche Beatmung zu entfernen. „Nichts – kein Blut, kein Schleim", meldete sie.

Der Assistenzarzt kam herein.

„Blutdruck fällt – vierzig zu null", rief die zweite Schwester.

„Geben Sie ihr mehr Flüssigkeit", ordnete Dr. Belding an. In seiner Stimme lag eine gewisse Anspannung. „Und erhöhen Sie die Medikamentendosis."

Er winkte den Assistenzarzt herbei, der den Schwestern sofort Anweisungen erteilte. Im Raum herrschte ein hektisches Treiben.

„Gibt es vielleicht ein Luftröhrenproblem?", fragte der Assistenzarzt.

„Nein, der Beatmungsdruck ist in Ordnung."

„Herzanfall?"

„Nein, dazu ist sie zu jung", erwiderte Dr. Belding. „Vielleicht eine Lungenembolie."

„Aber sie bekommt doch Heparin", widersprach der Assistenzarzt.

„Das ist keine Garantie."

„Blutdruck: null", verkündete die Schwester.

„Sofort Wiederbelebungsmaßnahmen einleiten", ordnete Dr. Belding an. Der Assistenzarzt war bereits am Bett und beugte sich über Kate. „Und verständigen Sie die Familie."

Eine der Schwestern rannte aus dem Raum zum Schwesternzimmer zurück. Hektisch suchte sie in den Akten nach Johns Handynummer.

Im Zimmer war es unheimlich still, während der Assistenzarzt rhythmisch auf Kates Brust drückte und eine der Schwestern mit dem Ambubeutel Luft in ihre Lungen pumpte. Mit verschränkten Armen und gerunzelter Stirn sah Dr. Belding zu.

Traurig über diese Wendung verfolgten alle Anwesenden die Vorgänge. Seit sechs Wochen lag Kate McConnell nun schon auf der Intensivstation. Die zierliche blonde Frau im Bett war ihnen allen irgendwie ans Herz gewachsen, obwohl sie bisher noch kein einziges Wort gesprochen hatte. Die Wände des Zimmers waren mit Bibelversen gepflastert. Ausgedruckte, manche handgeschrieben. Viele auch in Kates eigener Handschrift.

„Lass sie nicht gehen“, murmelte der Assistenzarzt vor sich hin.

Die Krankenschwester und der Arzt tauschten den Platz und machten weiter.

„Nicht aufhören“, sagte die Schwester. Ihr Gesicht war von der Anstrengung gerötet.

Die Zeit schien stillzustehen, während sie ihre stummen Bemühungen fortsetzten, diese Frau zu retten.

Schließlich fragte Dr. Belding: „Wie lange machen wir das jetzt schon?“

Die Schwester blickte auf die Uhr. „Fünfundvierzig Minuten.“

„Irgendein Ausschlag auf dem Monitor?“

„Nein. Kein Pulsschlag. Kein Blutdruck“, erwiderte der Assistenzarzt. „Keinerlei Herztätigkeit.“

„Dann müssen wir es akzeptieren: Sie ist tot.“

Die Schwestern und Ärzte blieben eine Weile reglos stehen. Es fiel ihnen schwer, ihre Bemühungen um Kate einzustellen.

Kates schmaler Körper lag reglos im Bett. Ihre Hände ruhten auf dem Quilt, den sie vor Jahren für Matt genäht hatte, als er noch ein Baby war. Neben dem Bett standen viele Blumen von den Freunden und Familienangehörigen, die sie liebten. Und Karten – jede Menge Karten, die an der Wand hingen und darauf warteten, dass Kate aufwachte und diese Liebeszeichen sah.

„Sucht ihre Angehörigen“, wiederholte Dr. Belding, und die kleine Gruppe packte ihre Utensilien zusammen und verließ den Raum.

Alles war still.

Kate empfand Erleichterung. So lange hatte die Maschine Luft in ihren Körper gepumpt. Jetzt hatte sie aufgehört, und ein Gefühl der Befreiung und des Friedens durchströmte sie. Sie war umgeben von lieben Menschen, die sich in den vergangenen sechs Wochen hingebungsvoll um sie gekümmert hatten. Tiefe Traurigkeit lag auf ihren Gesichtern. Sie wollte etwas zu ihnen sagen, ihnen danken, sie ermutigen, doch dann bemerkte sie das Licht im Raum. Irgendwie waren die Wände des kleinen Krankenzimmers zwar noch da, aber über ihr war der Himmel, weit und blau.

Das Licht wurde immer intensiver, und auf einmal verschwammen die Konturen des Krankenzimmers, und sie sah nur noch Helligkeit, schöner als alles, was sie je gesehen hatte. Es war so hell, dass sie am liebsten den Blick abgewendet hätte, doch gleichzeitig so anziehend, dass sie das nicht konnte. Und Musik … weiche und warme Musik hüllte sie ein.

Das Licht wurde noch heller … heller … heller, und dann sah Kate McConnell Jesus. Seine Schönheit verblüffte sie. So etwas hatte sie noch nie gesehen oder sich auch nur vorstellen können. Vor ihm blieb sie reglos, wie schwebend.

Ganz vage nahm sie auch irdische Bewegung hinter sich wahr, und einen kurzen Moment dachte sie an die beiden Menschen, die sie auf der Welt am meisten liebte: Matt und John.

„Werden sie klarkommen?“, fragte sie wortlos.

Jesus nickte. „Ich werde für sie sorgen. Du kannst jetzt kommen.“

Kate streckte die Arme nach Jesus aus, und während sie ihren letzten Atemzug auf Erden tat, wurde sie von den Armen ihres guten Hirten hochgehoben. Ihr letzter irdischer Gedanke war die letzte Zeile des dreiundzwanzigsten Psalms: … *und ich werde bleiben im Haus des Herrn immerdar.*

John saß in der kleinen Kapelle und spürte die Anwesenheit Gottes wie nie zuvor. Die vergangenen sechs Wochen waren die schwierigsten seines Lebens gewesen. Zuerst der Unfall, dann die Wochen auf der Intensivstation, die Karten und Besuche und unzähligen Aufläufe von Freunden. Besonders beeindruckt hatte ihn das Engagement von Kates Freunden aus der Kirche. Zwei Väter von Kindern aus ihrer Sonntagsschulgruppe hatten einen Gefrierschrank gebracht und in der Garage aufgestellt. Jeden Tag wurde dieser Gefrierschrank mit vorgekochten Mahlzeiten gefüllt. John und Matt hatten sich zu wahren Meistern in der Bedienung der Mikrowelle entwickelt.

Und was sie alles erfuhren! Während Vater und Sohn oft stundenlang auf der Intensivstation im Warteraum saßen, kamen Freunde auf einen Sprung vorbei und vertrieben ihnen die Zeit. Sie erzählten von ihren Erlebnissen mit Kate, die ihnen eine Mahlzeit gebracht oder für sie gebetet hatte. Eine Frau, die gerade eine Chemotherapie hinter sich hatte, erzählte mit Tränen in den Augen, wie Kate einmal zu ihr gekommen war, um ihr Bad zu putzen. Durch diese Begebenheiten lernte John einen ganz neuen Teil von Kates Leben kennen – ein Leben voller Liebe, guter Beziehungen, Fürsorge und Anteilnahme.

Diesen Glauben und diese Zugehörigkeit wünsche ich mir, betete John stumm. *Ich will Teil deiner großen Familie sein. Ich will so lieben. Und dasselbe wünsche ich mir auch für Matt.*

In letzter Zeit kamen John die Gebete mit erstaunlicher Leichtigkeit über die Lippen. Er erinnerte sich, wie er an jenem ersten Tag ins Krankenhaus gefahren und nicht in der Lage gewesen war, ein Gebet zu formulieren. Während er jetzt in der stillen Kapelle saß, spürte er die Nähe Gottes ganz neu und sehr real. Beinahe konnte er die Arme fühlen, die ihn hielten und trösteten.

Er atmete tief und wie befreit durch.

Und dann begann sein Handy zu vibrieren.

Matt stand gerade im Kiosk, als sein Telefon klingelte. Sein Vater.

„Ja?", meldete er sich.

„Komm schnell hoch ins Zimmer. Irgendetwas ist geschehen. Die Schwester hat mich gerade angerufen."

„Was ist los?"

„Das hat sie nicht gesagt. Beeile dich."

Matt rannte immer zwei Stufen auf einmal nehmend die Treppe hoch, stieß die Tür zur Intensivstation auf und entdeckte die Gerätschaften im Flur vor Mamas Zimmer. Die Gesichter des Pflegepersonals sprachen Bände. Dr. Belding stand vor der Tür und redete mit John.

Matt rannte los.

Die starken Hände seines Vaters packten ihn an den Schultern und hielten ihn fest. „Sie ist tot, Matt. Sie ist tot."

Matt stand wie vom Donner gerührt. Es war ihm unmöglich, den Raum zu betreten. Die Welt hatte sich gerade verändert und würde nie mehr dieselbe sein.

„Nein."

Sein Vater legte die Arme um ihn und drückte ihn an sich.

Vater und Sohn standen in enger Umarmung und stützten sich auf eine Kraft, die nicht aus ihnen selbst kam.

Für Kate gab es keine Zeit mehr. Keinen Grenzen. Jesus war alles.

Sie schaute herab auf die Welt. Das Bild, das sich ihr bot, war so viel größer, als sie es sich vorgestellt hatte. Hier neben Jesus, mit seinem Blick auf die Welt, war so vieles zu erkennen.

Ein junger Mann stand neben einem Mädchen mit einer

roten Baskenmütze. Das war ja Chris aus der Reinigung! Er und das Mädchen sangen in einem Gottesdienst ganz in der Nähe von Kates Haus Loblieder. Das Lächeln auf ihren Gesichtern erzählte von ihrer tiefen Liebe zu Gott. Am Finger des Mädchens steckte ein Verlobungsring. Kate strahlte vor Freude über die Verwandlung, die sie im Gesicht des jungen Mannes erkennen konnte.

Sie wandte sich einer anderen Szene zu.

Ein Soldat, auf seine Krücken gestützt, klopfte an die Haustür eines Farmhauses in North Carolina. Die Tür ging auf, und ein älteres Ehepaar redete mit dem Mann, umarmte ihn. Eine Welle des Trosts und des Friedens hüllte die drei ein, und die Tränen flossen ungehindert, als der Soldat ihnen von ihrem Sohn Peter und seinem starken Glauben berichtete.

Als Nächstes sah Kate ein Mädchen, das zum Briefkasten rannte, um die Post zu holen. Irgendwie wusste Kate, dass es in der Türkei lebte. Im Gesicht des Kindes spiegelte sich Freude und Aufregung. Sie riss ein Päckchen auf und nahm ein Buch heraus. Ungeduldig schlug sie es auf und las in ihrer eigenen Sprache den Titel: *Die heilige Bibel.* Schnell blätterte sie zu Psalm 23 und las Vers 2. *Er führt mich zum frischen Wasser.* Ihre Augen füllten sich mit Tränen der Freude, und sie drückte die Bibel an ihre Brust.

Ein Mann mittleren Alters trat ins Bild, ein Franzose, wie Kate erspürte. Er stand in einer Kunstgalerie in England, in den Anblick eines Gemäldes mit dem Titel *Der gute Hirte* vertieft. Das Gesicht des Mannes war voller Frieden und Freude, während er auf das Tor und die Schafe deutete und sehr angeregt mit seinem Freund über das Gemälde diskutierte. Sie lachten und unterhielten sich über alle Arten der Erneuerung.

Kates Blick wanderte über die Hügel und Täler Irlands – eine malerische Landschaft mit unendlichen satten Weideflächen, auf denen Schafe grasten. Ein junger rothaariger Mann beugte sich zu einem Baby herunter, das er sich in einem Tuch um die Brust gebunden hatte, und drückte ihm einen Kuss auf sein Köpfchen. Die Schafe folgten dem jungen Hirten nach Hause. Das Baby hielt er fest an sich gedrückt.

Jesus wandte sich zu Kate um. „Verstehst du?“

Kate blickte ihn fragend an.

„Der dreiundzwanzigste Psalm. Du hast ihn auf den Weg geschickt“, erklärte er. „Du weißt doch, mein Wort kehrt niemals leer zurück ...“

Er erklärte ihr, dass all diese Menschen die Kraft des 23. Psalms erlebt hatten, den sie auf diesen Zettel geschrieben hatte. Sie zogen an ihr vorüber, eine Szene nach der anderen, und sie war verblüfft darüber, dass der Psalm, den sie so sorgfältig abgeschrieben und umbetet hatte, dies alles bewirkt hatte.

„Dein Wort“, sagte sie. „Es ging um dein Wort.“

„Da ist noch mehr“, sagte Jesus.

Eine kleine städtische Kirche war zu sehen. Der Pastor predigte über das finstere Tal der Todesschatten. Er sprach voller Autorität und Überzeugung, denn er selbst hatte ein solches Tal durchschritten. Seine Frau blickte wie all die anderen Menschen zu ihm auf, die dankbar waren, ihn zu haben. Er verurteilte niemanden, sondern behütete und umsorgte seine Herde wie ein guter Hirte. Fehlerhafte, verletzte Menschen waren sicher bei ihm.

In der nächsten Szene saß eine junge Frau mit unzähligen Tattoos in der ersten Reihe einer Kirche. Sie stimmte in den Gesang der Gemeinde mit ein, die Arme zum Himmel erhoben. Ihr Gesicht strahlte eine große Zuversicht aus. Dann war das Lied zu Ende, und das Mädchen stand auf und ging nach vorn. Mutig und voller Überzeugung erzählte sie aus ihrem Leben, das schwer und steinig gewesen war, aber eine gute Wendung genommen hatte. Andere verletzte junge Frauen hörten ihr wie gebannt zu, sogen ihre Hoffnung in sich auf, die sie dringend brauchten.

Kates Herz war so voll, dass es schier überfloss, wie sie es auf der Erde nie erlebt hatte. Sie dankte Jesus und wollte am liebsten Loblieder für ihn singen, während die Szenen weiter an ihr vorbeizogen.

Eine junge Frau in Afrika rannte über einen Feldweg, eine riesige orangefarbene Sonne ging über der Ebene auf. Sie lief kraftvoll und elegant. Ein paar kleine Mädchen rannten neben ihr her und bemühten sich, mit ihr Schritt zu halten. Irgendwann blieben sie stehen und sagten zueinander: „Eines Tages können wir vielleicht auch wie Kioni sein. Gott gibt ihr Kraft und passt auf sie auf. Das tut er bestimmt auch für uns."

Dann sah Kate eine große italienische Familie an einem langen Holztisch. Der ältere Mann am Kopfende des Tisches hielt auf der einen Seite die Hand seiner Frau, auf der anderen die seines Bruders. „... und wir danken dir, dass du den Liberatores wieder einmal geholfen hast", betete er und drückte die Hand seines Bruders.

Eine junge chinesische Studentin trat zum ersten Mal durch die Türen einer Kirche in Los Angeles. Andere junge Chinesen kamen auf sie zu und begrüßten sie. In ihrer eigenen Sprache erzählten sie ihr von dem Gott, der sie versorgt und schützt wie ein guter Hirte.

In einem kleinen Restaurant in New York City saß ein Geschäftsmann mit seiner Tochter zusammen. Sie unterhielten sich über all das Gute in ihrem Leben. Der Mann erzählte seiner Tochter lachend, wie er mit einer Frau namens Judy quer durch das ganze Land geflogen war. Sie hatte ihm die Augen geöffnet für das, was den Becher eines Menschen füllt. Sein Handy klingelte. Ohne nach dem Anrufer zu sehen, schaltete er es aus und steckte es in die Tasche. Arm in Arm verließ er mit seiner Tochter das Restaurant.

Und schließlich saß eine weißhaarige Frau an ihrem Computer und druckte ein fertiges Dokument aus. Plötzlich hielt sie inne und griff sich ans Herz. Die Augen der Frau wurden groß vor Verblüffung, und Kate wusste genau, was sie sah.

„Begleitest du mich jetzt nach Hause, Jesus?“, fragte die Frau. Dann schloss sie die Augen.

Einen Augenblick später kam diese Frau mit strahlendem Gesicht an Kate vorbei. „Carl!“, rief sie und bewegte sich lächelnd auf einen Mann zu, dessen Gesicht ebenfalls aufleuchtete. Ihre Freude war übergroß, viel strahlender als irgendein Gefühl auf der Erde gewesen war. Kate kannte dieses Gefühl.

„So viele“, sagte Kate. „So viele!“

Und auf einmal weitete sich ihr Blick noch mehr. Da waren Tausende Karten, ihre handgeschriebenen Bibelverse, in der ganzen Stadt, im ganzen Land, in der ganzen Welt.

„Das wusste ich nicht“, sagte sie staunend. „Das hätte ich nie gedacht.“

„Da ist noch einer“, sagte Jesus.

„Noch einer?“, fragte Kate. Es war bereits so viel, so viel mehr, als sie sich je vorgestellt hätte.

Jesus deutete in eine Richtung, und als Kate sich umdrehte, sah sie ihren Sohn Matt.

Eine sanfte Brise strich durch Matts Haare, während er am Grab seiner Mutter stand. Die Hand seines Vaters lag auf seiner Schulter. Matt trug seine dunkelblaue Wolljacke, und Tränen liefen über sein Gesicht. Der Wind trieb trockenes Laub vor sich her. Für Dezember war die Luft sehr mild.

Matt kniete nieder und berührte die Blumen, die vor dem Stein lagen. „Verzeih mir, Mama“, sagte er. „Verzeih mir, Gott. Gib mir noch eine Chance.“

Er fragte sich, ob Gott ihn hörte. Hören wollte. So viele Jahre hatte er sich nicht mehr um Gott geschert. Er war erst gleichgültig und dann zornig gewesen. Doch jetzt tat es ihm leid. Wenn er nur noch einmal mit seiner Mutter reden könnte!

„Bitte gib mir nur noch eine Chance“, wiederholte er.

Er dachte an seine Mutter und daran, was sie sich für ihn gewünscht hatte. Wenn er nur noch einmal die Gelegenheit hätte, Ja zu ihrem Anliegen zu sagen – Ja zu Gott.

Matt starrte auf den Namen seiner Mutter auf dem Grabstein, als plötzlich der Wind auffrischte. Einige Blätter wirbelten vorbei, und aus dem Augenwinkel sah Matt etwas Weißes. Es war ein Blatt Papier, das über den Friedhof auf ihn zugeweht kam. Er hielt inne, starrte wie gebannt auf den Zettel, der sich anmutig zusammen- und wieder aufrollte und ein Eigenleben zu entwickeln schien. Schließlich wurde das Blatt noch einmal hochgewirbelt und verfing sich am Fuß des Steins auf dem Grab seiner Mutter.

Matt starrte das Papier an. Er konnte es nicht erklären, aber er wusste, dass es für ihn bestimmt war. Voller ruhiger Erwartung streckte er die Hand danach aus. Es war zerknittert und abgegriffen, mit vielen Flecken verunziert, Fett und Wasser, vielleicht sogar Blut oder Kaffee.

Als er das Blatt auffaltete, verschlug es ihm die Sprache. In der Handschrift seiner Mutter standen als Überschrift die Worte: *Das Lied des Hirten, Psalm 23.*

Wie konnte das sein? Wo kam das her? Matt blickte sich verwirrt um. Niemand zu sehen. Er hob den Blick zur Sonne, die aus den Wolken hervorlugte, und ließ sein Gesicht von ihren Strahlen erwärmen. Tiefer Frieden breitete sich in ihm aus.

„Papa", rief er. „Papa, sieh nur."

John kniete neben Matt nieder, und gemeinsam starrten sie das Blatt an.

Matt begann zu lesen. Nach jeder Zeile hielt er inne.

Der Herr ist mein Hirte,
mir wird nichts mangeln.
Er weidet mich auf einer grünen Aue
und führt mich zum frischen Wasser.
Er erquickt meine Seele.

Er führt mich auf rechter Straße um seines Namens willen.
Und ob ich schon wanderte im finsteren Tal,
fürchte ich kein Unglück;
denn du bist bei mir,
dein Stecken und Stab trösten mich.
Du bereitest vor mir einen Tisch im Angesicht meiner Feinde.
Du salbst mein Haupt mit Öl
und schenkst mir voll ein.
Gutes und Barmherzigkeit werden mir folgen mein Leben lang …

Er brach ab. Die letzte Zeile konnte er nicht lesen. Seine Mutter war jetzt bei Jesus „im Haus des Herrn". Und er wollte auch dorthin.

„Ja, Jesus", sagte er. „Ich will, dass du mein Hirte wirst."

Es war, als wäre die Uhr zurückgedreht worden, zu jenem Augenblick vor sechs Wochen, als er den Zettel mit dem Psalm zum ersten Mal aus der Tasche seines Mantels gezogen hatte.

„Danke, Mama", sagte er zu dem Grab. „Der Herr ist jetzt mein Hirte."

Erneut wanderte sein Blick zu dem Blatt Papier. Der Psalm war irgendwie … anders als damals, als er ihn zum ersten Mal in der Hand gehalten hatte. Und doch nicht. Es waren dieselben Worte, aber *er* hatte sich verändert. Seine Arroganz war verschwunden – sein Zorn und seine Traurigkeit waren wie fortgeweht. Es war, als könnte er jetzt mit neuen Ohren hören und mit neuen Augen sehen.

Dankbar blickte er zum Himmel hoch und sagte: „Mama, ich hätte es schon viel früher erkennen sollen – der Herr ist mein Hirte." Das konnte er jetzt aus vollem Herzen sagen, denn es stimmte.

Hoch oben im Himmel sprach Kate die letzte Zeile für ihn: *„Und ich werde bleiben im Hause des Herrn immerdar."*

Ihre Freude war vollkommen. Ihre Aufgabe auf der Erde war mehr als erfüllt.

„Gut gemacht, meine Liebe", sagte Jesus.

Kate erinnerte sich, einmal gebetet zu haben: „Gib, dass mein Leben Frucht bringt." Jetzt wusste sie, dass ihr Gebet erhört worden war.

Sie wandte sich von dem Geschehen auf der Erde ab und ergriff die Hand von Jesus, bereit, für immer im Haus des Herrn zu bleiben.

Hinter den Kulissen

Die Geschichte von *Das Lied des Hirten* begann in einem kleinen Café in Georgia, in dem wir Schwestern uns verabredet hatten. Beide hatten wir Gott gebeten, uns zu zeigen, welches Buchprojekt wir als Nächstes angehen sollten.

Mehr als ein Jahr lang trafen wir uns einmal in der Woche in diesem Café, das genau auf halber Strecke zwischen unseren Wohnorten lag. Wir hatten beschlossen, unsere schriftstellerische Erfahrung für Gott einzusetzen.

Dieses vorliegende Buch war anders als unsere früheren Werke. Dieses Mal wollten wir ein Buch für Erwachsene schreiben, was eine große Herausforderung für uns darstellte, da wir bisher ausschließlich Kinderbücher verfasst hatten. Das jetzt war Neuland für uns. Sicher kam uns jetzt unsere Erfahrung mit Kinderbüchern auch zugute, denn Kinder sind ein sehr anspruchsvolles Publikum. Sie erkennen sofort jede Art von Künstlichkeit. Wenn ein Kind dranbleiben und weiterlesen soll, muss man sparsam mit Worten umgehen und den Spannungsbogen halten. Das mögen auch Erwachsene. Gleichzeitig wollten wir aber eine größere inhaltliche Tiefe hineinbringen.

Dazu brauchten wir Gottes Hilfe, und genau die wird uns in Psalm 23 zugesagt. Betsy hatte an jenem Morgen den Psalm 23 gelesen und überlegt, dass dieser Psalm sicher Leben verändern kann und es auch bereits getan hat, wenn man ihn wirklich an sich heranlässt. Gleich die erste Zeile: „Der Herr ist mein Hirte", weist uns darauf hin, dass Gott alles in den Händen hält. Jede weitere Zeile bestätigt, dass er allein auf unser

Wohlergehen bedacht und in seiner Liebe zu uns auch zu Opfern bereit ist. Und besonders die letzte Zeile mit der bemerkenswerten Zusage, dass wir auf ewig bei ihm leben werden.

Und so fanden wir den Ansatz, dass der Psalm auf wundersamen Wegen durch die ganze Welt reist und überall mitten in das Leben der unterschiedlichsten Menschen hineinspricht.

Im Psalm 23 finden sich viele wichtige Themen: Gottes tiefe Liebe zu und seine Fürsorge für uns und sein Schutz und sein Segen. Der Gedanke der zweiten Chance zieht sich durch die Erzählung. Gott ist immer auf der Suche nach uns und erneuert uns.

Das Schöne an der Bibel ist, dass sie kulturenübergreifend Heilung und in allen Situationen Hoffnung schenkt. Gott bietet uns immer eine zweite Chance an, die Möglichkeit, neu anzufangen wie Roland, Heilung zu finden wie François, Beziehungen zu erneuern wie Patrick, Gott kennenzulernen wie Matt. Egal was in unserem Leben geschieht oder was wir auch getan haben, Gott ist immer bereit, uns wieder aufzunehmen.

Außerdem sind letztlich doch alle Menschen gleich, wo auch immer auf der Welt sie leben. Ihre Wünsche, Träume, Hoffnungen und Ängste unterscheiden sich nicht so sehr. Zoey ist Chinesin, aber junge Leute auf der ganzen Welt verlassen ihre Heimat und gehen zur Ausbildung in andere Länder. François ist Franzose, aber überall auf der Welt verlieren Menschen ihre Partner durch Krebs. Und auf der ganzen Welt erleben Frauen Missbrauch, Menschen verlieren ihre Jobs, sehen sich mit Verlust, Entfremdung und Mutlosigkeit konfrontiert.

Der Prozess des Schreibens gestaltete sich ganz anders, als wir es gewohnt waren. In früheren Büchern hatten wir an separaten Kapiteln gearbeitet und sie am Ende zu einem Buch zusammengefasst. Dieses Mal gab jede von uns der anderen

Zugang zu dem, was sie bereits geschrieben hatte, und wir arbeiteten tatsächlich gemeinsam daran.

Für die Geschichte von François informierte sich Laurie über die Arbeit eines Restaurateurs. Betsy hat Erfahrung in therapeutischer Beratung und brachte François' Trauer über den Tod seiner Frau mit ein. Gemeinsam überarbeiteten und verfeinerten wir den Text. Und so entstand nach und nach das ganze Buch. Am Ende waren nicht einmal wir selbst noch in der Lage, unsere jeweiligen Stimmen zu erkennen.

Die Interaktion machte viel Spaß. Das lief etwa so:

„Ich habe eine schlechte Nachricht."

„Was?"

„Ich habe gerade Cornelia sterben lassen."

„Nein! Du kannst doch Cornelia nicht sterben lassen."

„Tut mir leid. Es ist einfach so passiert."

Oder: „Hey, weißt du, was passiert ist? Chris hat sich verlobt!"

„Was?! Unser Chris? Mit dem Mädchen mit der roten Baskenmütze?"

„Oh, ich freue mich so für ihn."

Schon früh stellten wir fest, dass geistige und geistliche Einigkeit nötig ist, um einen Text homogen und authentisch klingen zu lassen. In einer solchen Zusammenarbeit prallen immer wieder unterschiedliche Meinungen aufeinander, was gut ist, weil es die Geschichte weiterbringt und ihr Tiefe verleiht. Dank unseres gemeinsamen Glaubens und unserer sehr ähnlichen Auffassungen sind wir in der Lage, bei Meinungsverschiedenheiten einen Konsens zu finden. Wenn wir mit Gott in Verbindung bleiben, bleiben wir auch miteinander in Verbindung.

Und bei unserem Bemühen, unser Buch in Übereinstimmung mit dem Willen Gottes zu schreiben, fanden wir selbst

Übereinstimmung, und die Geschichte gewann an Tiefe und wurde zu dem, was sie jetzt ist.

Unser Ziel war es, Menschen den Weg zu Gott zu weisen. Darum waren wir in besonderer Weise auf Gottes Hilfe angewiesen. Zuerst und vor allem anderen wollen wir daher Gott danken, dass er uns während der Entstehung dieses Buches geführt und inspiriert hat. Er richtete uns auf, wenn uns Zweifel plagten, schenkte uns Zuversicht, wenn uns Unsicherheit beschlich, und ertrug uns, wenn wir rebellierten. Alle Ehre gebührt ihm!

Betsy & Laurie

Betsy Duffey und Laurie Myers wuchsen in einer Schriftstellerfamilie auf. Ihr Vater verfasste Sachbücher und Zeitschriftenartikel; ihre Mutter, Betsy Byars, schrieb preisgekrönte Kinderbücher.

Ihre Kindheit verlebten Betsy und Laurie in Morgantown in West Virginia, und nach einer Ausbildung in medizinischen Berufen begannen sie mit ihrer schriftstellerischen Arbeit. Über einen Zeitraum von gut 20 Jahren veröffentlichten sie bei verschiedenen Verlagen 35 Kinderbücher, manche einzeln, andere gemeinsam.

Ihre Arbeit begannen sie in Zusammenarbeit mit ihrer Mutter. Später gaben sich Laurie und Betsy den Namen „The Writing Sisters". Ihr Ziel ist es, mit ihren Büchern Menschen den liebenden Vater Gott vorzustellen und sein Wirken in der Welt deutlich zu machen.

MIX
Papier aus verantwortungsvollen Quellen
FSC® C014496
www.fsc.org

Die amerikanische Originalausgabe
erschien im Verlag Howard Books, A Division of Simon & Schuster, Inc., New York,
unter dem Titel „The Shepherd's Song".

Die Bibelzitate wurden, sofern nicht anders angegeben,
den folgenden Bibelübersetzungen entnommen:
- Gute Nachricht Bibel, revidierte Fassung, durchgesehene Ausgabe in neuer Rechtschreibung,
© 2000 Deutsche Bibelgesellschaft, Stuttgart (GN)
- Lutherbibel, revidierter Text 1984, durchgesehene Ausgabe in neuer Rechtschreibung,

6. Auflage 2021
Bestell-Nr. 817049
ISBN 978-3-95734-049-8

Umschlaggestaltung: Yannick Schneider
Umschlagfoto: Thinkstock
Satz: DTP Verlagsservice Apel, Wietze
Druck und Verarbeitung: GGP Media GmbH, Pößneck
Printed in Germany